A LEGJOBB ÉTELEK A KÁVÉZÓBAN

Növelje kávézási élményét 100 finom falattal

ÁDÁM FAZEKAS

Copyright Anyag ©2023

Minden jog fenntartva

A kiadó és a szerzői jog tulajdonosának megfelelő írásos beleegyezése nélkül ennek a könyvnek egyetlen része sem használható fel vagy továbbítható semmilyen formában vagy módon, kivéve az ismertetőben használt rövid idézeteket. Ez a könyv nem helyettesítheti az orvosi, jogi vagy egyéb szakmai tanácsokat.

TARTALOMJEGYZÉK

TARTALOMJEGYZÉK **3**
BEVEZETÉS **6**
BAKLAVA **7**
   1. Pisztácia Baklava 8
   2. Oreo baklava 11
   3. No-Bake Ferrero Rocher Baklava 13
DÁNOK **15**
   4. Mini Fruit Danishes 16
   5. Cappuccino dánok 18
CROISSANT **20**
   6. Áfonya citromos croissant 21
   7. Csokis croissant 23
   8. Banán eclair croissant 26
   9. Nutella és banán croissant 28
   10. S'mores croissant 30
   11. Fahéjas ujjzsemle croissant 32
   12. Fahéjas cukor croissant 36
   13. Áfonyás és krémsajtos croissant 38
   14. Málnás rózsa licsi croissant 40
   15. Áfonya croissant 44
   16. Málnás croissant 46
RÖVID KENYÉS SÜTI **48**
   17. Mandulás omlós keksz 49
   18. Barna cukros omlós keksz 51
   19. Gyümölcsös omlós sütemény 53
   20. Levendulás omlós keksz 55
   21. Mokka omlós süti 57
   22. Mogyorós omlós keksz 59
   23. Fűszeres omlós keksz 61
   24. Pekándiós omlós keksz 63
   25. Oregon mogyorós omlós keksz 65
POGÁSZ **67**
   26. Cappuccino pogácsa 68
   27. Fahéjas kávés pogácsa 70
   28. Matcha zöld tea pogácsa 72
   29. Earl Grey teapogácsa 75
   30. Születésnapi torta pogácsa 78
   31. Funfetti pogácsa 81
   32. Szív alakú édes pogácsa 84

33. Cadbury Creme tojáspogácsa 87
34. Passiógyümölcs pogácsa 90
35. Kókuszos és ananászos pogácsa 92
36. Rózsaszín limonádé pogácsa 95
37. Tök áfonyás pogácsa 97

CSOKIS KEKSZ 99
38. Perec és karamell sütemény 100
39. Granola és csokis keksz 102
40. Biscoff csokis keksz 104
41. Fekete-erdői sütik 106
42. Csokoládé szarvasgombás sütik 109
43. Dupla csokis szendvicsek 112
44. Csokis keksz 114
45. Sütés nélküli Matcha fehér csokoládé süti 116
46. Cadbury és mogyorós süti 118
47. Cake mix cookie-kat 120
48. Német sütik 122
49. Cseresznyés sütik 124
50. Speculoos 126
51. Kukoricapehely csokis keksz 129
52. Fehér csokoládé cappuccino sütemény 131
53. Snickers Bar töltött csokis süti 134

BROWNIES 136
54. Banán Caramel diós Brownies 137
55. Keserédes Caramel Brownies 139
56. Sós Caramel Fudgy Brownies 141
57. Csokoládé Caramel diós Brownies 143
58. Raspberry Fudge Brownie 145
59. Espresso Fudge Brownies 147
60. Red Velvet Fudge Brownie 149

BAGEL SZENDVICSEK 152
61. Avokádó Bécsi kifli Szendvics 153
62. Füstölt pulyka bagel szendvics 155
63. Reggeli Bagel fűszeres mikrozölddel 157
64. Gyors bagel omlett szendvics 159
65. Füstölt lazac mini-bagel rúd 161
66. Fekete Erdő Bécsi kifli 163
67. Garnélarák tetejű bagel 165
68. Puffadt rákhús és tojás bagelen 167
69. Avokádó és Bacon Bagel 169

DIÓ- ÉS MAGKEVERÉKEK 171
70. Furikake Chex Mix 172
71. Pink Lemon ade Chex Mix 174

72. Barbecue rágcsálnivaló 176
73. Red Velvet Party Mix 178
74. Asian Fusion Party Mix 180
75. Chex sáros haverok..182
76. Red Velvet Puppy Chow 184
77. Fűszeres BBQ Party Mix 186

FÁNK 188
78. Tira misu fánk 189
79. Nutellával töltött mini Ricotta fánk 192
80. Cheddar és Jalapeño sajtos fánk 194
81. Almacider paleo fánk 196
82. Csokoládé torta fánk 198
83. Passionfruit Túrós fánk 200
84. Áfonya torta fánk 204
85. Sült Oreo fánk 206

FAHÉJAS TEKERCS 209
86. Pink Limonade Fahéj r olls 210
87. Csokoládé Oreo fahéjas tekercs 212
88. Vörös bársonyos fahéjas tekercs 215
89. Burgonya fahéjas tekercs 218
90. Tejszínhab pekándiós fahéjas tekercs 221
91. Almaszósz fahéjas tekercs 223
92. Narancsos fahéjas tekercs 226

EMPANADAS 228
93. BBQ csirke Empanadák 229
94. Törökország Empanadas 231
95. Sertés kolbász Empanadas 233
96. Tonhal Empanada 236
97. Galíciai tőkehal Empanada 239
98. Shrimp Empanadas 242
99. Szőlő és marha empanadák 245
100. Mogyorós és banános empanadák 248

KÖVETKEZTETÉS 250

BEVEZETÉS

A kulináris felfedezés szívében, ahol az ízek és az aromák összefonódnak, szeretettel várjuk Önt, hogy egy rendkívüli utazásra induljon a "A legjobb ételek a kávézóban"-en keresztül. Ezeken az oldalakon 100 aprólékosan elkészített falat kincsesbánya található, amelyek mindegyike túllép a hétköznapokon, és új magasságokba emeli a kávéélményt. Csatlakozz hozzánk, amikor elmélyülünk a párosítás művészetében, ahol a gazdag, frissen főzött kávé és a finom falatok harmonikus fúziója érzékszervi szimfóniává válik.

Képzelje el, hogy belép kedvenc kávézójába, egy menedékbe, ahol a levegőt a prémium kávébab magával ragadó illata árasztja el. Most képzelje el ezt az élményt nemcsak a kivételes sörfőzések ünnepeként, hanem gasztronómiai kalandként is. A "A legjobb ételek a kávézóban" egy óda azokról a pillanatokról, amikor az első korty kávé találkozik a tökéletes falattal, így kulináris párbeszéd alakul ki, amely fokozza az egyes kényeztetések élvezetét.

Akár egy csendes sarokban keres vigaszt, akár egy hangulatos villásreggelit szervez, akár egy kellemes délutáni kávészünetet élvez, ezek a gondosan összeállított falatok készen állnak arra, hogy rituáléját kulináris látványossággá alakítsák. Az ízlelőbimbóidat elbűvölő édes finomságoktól a ínycsiklandó sós finomságokig ez a kollekció az ízek teljes spektrumát felöleli, és minden lapfordulatnál kellemes meglepetést biztosít.

Miközben elmerül ebben a kulináris ódüsszeában, arra hívjuk, hogy fogadja el azt a gondolatot, hogy a kávé nem csak egy ital, hanem egy élmény. És ha a tökéletes falattal párosul, felfedezőúttá válik, az ízek, az állagok és az élet finom pillanatainak átéléséből származó puszta öröm felfedezése. Fogd hát meg kedvenc bögréd, készülj fel az inspirációra, és induljunk el erre a kivételes utazásra a "A legjobb ételek a kávézóban"-en keresztül.
Sütemények és pékáruk .

BAKLAVA

1. Pisztácia Baklava

ÖSSZETEVŐK:
- 3½ csésze cukor
- 2½ csésze víz
- 2 evőkanál méz
- 2 teáskanál citromlé
- 1 rúd fahéj
- 3 egész szegfűszeg
- ½ font dió, finomra őrölve
- ½ font mandula, finomra őrölve
- ½ font pisztácia, finomra őrölve
- 2 teáskanál őrölt fahéj
- ½ teáskanál szegfűszeg
- 1½ font Phyllo tészta
- 4 rúd sótlan vaj, olvasztott

UTASÍTÁS:

a) Egy serpenyőben keverjük össze;
b) 3 csésze cukrot a vízzel, a mézzel, a citromlével, a fahéjrúddal és a szegfűszeggel, majd hagyjuk kihűlni.
c) Egy nagy tálban keverje össze a diót, a maradék ½ csésze cukrot, az őrölt fahéjat és az őrölt szegfűszeget. Félretesz, mellőz.
d) A filotésztát sima felületre tekerjük, és viaszpapírral vagy nedves törülközővel letakarjuk.
e) Vegyen ki 8 lapot és tegye be a hűtőbe.
f) Egy 15½ x 11 ½ x 3 méretű tepsit kenjünk meg olvasztott vajjal,
g) 8 lapot használjunk az aljához, és szórjuk meg a diós keverékkel.
h) Rétegezz még 3 lapot, és ismét meglocsoljuk a keverékkel. Addig folytassa, amíg az összes filót fel nem használta.
i) A tetején 8 lap.
j) Melegítsük elő a sütőt 300 F fokra.
k) Egy hosszú és nagyon éles késsel vágja apró gyémántokra a baklavát.
l) Először készítsen 1 egyenletes távolságra hosszában vágást.
m) Vágja egyenesen lefelé, és vágja átlósan a hosszirányú vágásokon.
n) A maradék vajat felforrósítjuk, és a baklava tetejére öntjük,
o) 1¼ órát sütjük.
p) Vegyük ki és kanalazzuk a kihűlt szirupot a serpenyőben lévő teljes tésztára.
q) Dekoratív poharakban tálaljuk.

2.Oreo baklava

ÖSSZETEVŐK:

- 2 csomag hűtött filo tészta
- 150 g dió
- 150 g Oreos
- 1 evőkanál fahéjpor
- 250 g vaj
- 200 ml vizet
- 400 g kristálycukor
- 1 evőkanál citromlé

UTASÍTÁS:

a) Melegítsük elő a sütőt 180 C-os forró levegőre, és jól kenjük ki a tepsit.
b) Az első csomag filotészta tartalmát helyezzük a tepsibe.
c) A diót az Oreos-szel és a fahéjporral együtt aprítógépben őröljük, és a keveréket kenjük a tepsibe tett filo tészta szeletekre.
d) A másik csomag filótészta tartalmát a diós Oreo mixre helyezzük, és a tepsi aljára vágjuk a filótésztába.
e) A vajat megolvasztjuk és a tepsi teljes tartalmára ráöntjük, majd a sütő közepén 30-35 perc alatt aranybarnára sütjük a baklavát.
f) Közben elkészítjük a szirupot. A vizet, a cukrot és a citromlevet egy lábasba tesszük, és felforraljuk. Hagyjuk jól buborékolni, amíg az összes cukor elolvad.
g) A sütőből kikerült baklavára öntjük a cukorszirupot, és tálalás előtt hagyjuk teljesen kihűlni.

3.No-Bake Ferrero Rocher Baklava

ÖSSZETEVŐK:

- 1 csésze zúzott Ferrero Rocher csokoládé
- 1 csésze finomra vágott dió
- 1 csésze apróra vágott pisztácia
- 1 csésze méz
- ½ csésze sózatlan vaj, olvasztott
- ½ teáskanál őrölt fahéj
- ¼ teáskanál őrölt szegfűszeg
- 16 lap filo tészta, felengedve

UTASÍTÁS:

a) Egy tálban keverjük össze az összetört Ferrero Rocher csokoládét, a darált diót, az apróra vágott pisztáciát, az őrölt fahéjat és az őrölt szegfűszeget. Félretesz, mellőz.

b) Egy 9x13 hüvelykes tepsit megkenünk olvasztott vajjal.

c) A tepsibe tegyünk egy filotészta lapot, és kenjük meg olvasztott vajjal. Ismételje meg ezt a folyamatot további 7 filotésztalappal, minden réteget megkenve olvasztott vajjal.

d) A Ferrero Rocher és a diós keverék felét egyenletesen szórjuk a filotésztára.

e) Rétegezz még 4 filo tésztalapot, mindegyik lapot megkenjük olvasztott vajjal.

f) A maradék Ferrero Rocher és dió keveréket rászórjuk a filotésztára.

g) A tetejére rétegezzük a maradék 4 filo tésztalapot, mindegyik lapot megkenjük olvasztott vajjal.

h) A baklavát éles késsel óvatosan gyémánt vagy négyzet alakú darabokra vágjuk.

i) A mézet egyenletesen csorgassuk a baklava tetejére.

j) Hagyja állni a baklavát szobahőmérsékleten legalább 4 órán át vagy egy éjszakán át, hogy a filotészta magába szívja a mézet és megpuhuljon.

k) Szobahőmérsékleten tálalja a Ferrero Rocher Baklavát, és élvezze az édes és diós ízeket!

DÁNOK

4. Mini Fruit Danishes

ÖSSZETEVŐK:
- 1 lap leveles tészta, felengedve
- ½ csésze krémsajt, lágyítva
- 2 evőkanál kristálycukor
- ½ teáskanál vanília kivonat
- Válogatott friss gyümölcsök (például bogyók, szeletelt őszibarack vagy sárgabarack)
- 1 tojás, felvert (tojásmosáshoz)
- Porcukor a porozáshoz (opcionális)

UTASÍTÁS:
a) Melegítsd elő a sütőt 200°C-ra (400°F).

b) A kiolvasztott leveles tésztalapot kinyújtjuk, és kis, körülbelül 3 hüvelyk átmérőjű négyzetekre vagy körökre vágjuk.

c) Helyezze a tészta négyzeteket vagy köröket egy sütőpapírral bélelt tepsire.

d) Egy tálban keverjük simára a lágy krémsajtot, a kristálycukrot és a vaníliakivonatot.

e) Minden tésztanégyzetre vagy -körre kenjünk egy kanál krémsajtos keveréket úgy, hogy a szélein hagyjunk egy kis szegélyt.

f) Helyezze el a friss gyümölcsöket a krémsajt tetejére, így színes és tetszetős megjelenést hoz létre.

g) A péksütemények szélét megkenjük a felvert tojással.

h) Előmelegített sütőben 15-18 percig sütjük, vagy addig, amíg a tészta aranybarna és puffadt nem lesz.

i) Vegyük ki a sütőből és hagyjuk kicsit kihűlni.

j) Kívánság szerint porcukorral meghintjük.

k) Tálalja ezeket a mini gyümölcsös dánokat kellemes és gyümölcsös péksüteményként.

5.Cappuccino dánok

ÖSSZETEVŐK:

- 1 lap leveles tészta (felengedve)
- ¼ csésze krémsajt
- 2 evőkanál instant kávé granulátum
- 2 evőkanál porcukor
- ¼ csésze darált dió (opcionális)
- ¼ csésze csokoládé chips
- 1 tojás (tojásmosáshoz)

UTASÍTÁS:

a) Melegítsd elő a sütőt 190°C-ra, és bélelj ki egy tepsit sütőpapírral.

b) A leveles tésztát kinyújtjuk és négyzetekre vagy téglalapokra vágjuk.

c) Egy kis tálban keverjük össze a krémsajtot, az instant kávé granulátumot és a porcukrot, amíg jól össze nem áll.

d) Minden leveles tésztadarabra kenjünk egy kanál kávé-tejszínes keveréket.

e) A tetejére szórjunk darált diót (ha használunk) és csokireszeléket.

f) A péksütemények szélét megkenjük felvert tojással.

g) Süssük körülbelül 15-20 percig, vagy amíg a sütemények aranybarnák nem lesznek.

h) Hagyja kissé kihűlni, mielőtt felszolgálja a cappuccino dánokat.

CROISSANT

6.Áfonya citromos croissant

ÖSSZETEVŐK:
- Alap croissant tészta
- ½ csésze áfonya
- 2 evőkanál kristálycukor
- 1 evőkanál kukoricakeményítő
- 1 evőkanál citromhéj
- 1 tojást 1 evőkanál vízzel felverünk

UTASÍTÁS:
a) Nyújtsuk ki a kifli tésztát egy nagy téglalappá.
b) Egy kis tálban keverjük össze az áfonyát, a cukrot, a kukoricakeményítőt és a citromhéjat.
c) Az áfonyás keveréket egyenletesen eloszlatjuk a tészta felületén.
d) A tésztát háromszögekre vágjuk.
e) Minden háromszöget feltekerünk croissant formára.
f) A kifliket bélelt tepsire tesszük, lekenjük tojással, és 1 órát kelesztjük.
g) Melegítsd elő a sütőt 200°C-ra, és süsd a kifliket 20-25 perc alatt aranybarnára.

7. Csokis croissant

ÖSSZETEVŐK:
- 1½ csésze vaj vagy margarin, lágyítva
- ¼ csésze univerzális liszt
- ¾ csésze tej
- 2 evőkanál cukor
- 1 teáskanál Só
- ½ csésze nagyon meleg víz
- 2 csomag aktív száraz élesztő
- 3 csésze liszt, szitálatlan
- 12 uncia csokoládé chips
- 1 tojássárgája
- 1 evőkanál Tej

UTASÍTÁS:
a) Egy kanállal habosra keverjük a vajat és a ¼ csésze lisztet. Viaszpapírra kenjük 12x6 téglalapban. Hűtsük le. Melegítsen fel ¾ csésze tejet; keverjünk hozzá 2 evőkanál cukrot, sót, hogy feloldódjon.
b) Langyosra hűtjük. Meglocsoljuk a vizet élesztővel; keverjük feloldódni. Egy kanál segítségével simára keverjük a tejes keveréket és a 3 csésze lisztet.
c) Kapcsolja be az enyhén lisztezett cukrászruhát; simára gyúrjuk. Letakarva, meleg helyen, huzatmentesen a duplájára kelesztjük – kb. 1 óra. Hűtőbe tesszük fél órára.
d) Enyhén lisztezett tésztaruhán 14x14-es téglalappá tekerjük.
e) Helyezze a vajas keveréket a tészta felére; távolítsa el a papírt. Hajtsa rá a másik felét a vajra; csípje össze a széleit, hogy lezárja. A jobb oldali hajtogatással középről 20x8-ra tekerjük.
f) A tésztát a rövid oldalról három részre hajtjuk, így 3 réteget alkotunk; tömítés szélei; fóliába csomagolva 1 órát pihentetjük. Bal oldali hajtogatással tekerje 20x8-ra; hajtogatni; fél órát hűtjük. Ismétlés.
g) Hűtsük le egy éjszakán át. Másnap tekercs; kétszer hajtsa be; fél órát pihentetjük. Ezután hűtsük tovább 1 órát.
h) Formázás: a tésztát 4 részre vágjuk. Enyhén lisztezett tésztaruhán tekerje mindegyiket 12 hüvelykes körre. Mindegyik kört 6 szeletre vágjuk.
i) Szórja meg a szeleteket csokireszelékkel – ügyeljen arra, hogy körös-körül hagyjon ½ hüvelykes margót, és ne tömje túl a chipseket. A széles végétől kezdve tekerjük fel. Félhold alakúra formázzuk. Helyezze a hegyével lefelé, egymástól 2 hüvelyk távolságra barna papírra egy sütilapra.
j) Borító; meleg helyen, huzatmentesen duplájára kelesztjük, 1 óra.
k) Melegítsük elő a sütőt 425. felvert tojássárgájával, és keverjük hozzá az 1 evőkanál tejet. Süssük 5 percig, majd csökkentsük a sütőt 375-re; süssük tovább 10 percig, vagy amíg a croissant felfuvalkodott és megpirul.
l) Rácson 10 percig hűtjük.

8.Banán eclair croissant

ÖSSZETEVŐK:

- 4 Fagyasztott croissant
- 2 négyzet félédes csokoládé
- 1 evőkanál vaj
- ¼ csésze szitált cukrászcukor
- 1 teáskanál forró víz; 2-ig
- 1 csésze vanília puding
- 2 közepes banán; szeletelt

UTASÍTÁS:

11. A fagyasztott croissant-t hosszában félbevágjuk; együtt távozni. Melegítse fel a fagyasztott croissant-t egy kiolajozott tepsiben, előmelegített 325 °F-on. sütő 9-11 perc.

12. A csokoládét és a vajat összeolvasztjuk. Keverjük hozzá a cukrot és a vizet, hogy kenhető mázt kapjunk.

13. Kenjen meg ¼ csésze pudingot minden croissant alsó felére. A tetejére szeletelt banánt teszünk.

14. Cserélje ki a croissant tetejét; csokimázra csorgatjuk.

15. Szolgál.

9.Nutella és banán croissant

ÖSSZETEVŐK:

- 1 lap leveles tészta, felengedve
- ¼ csésze Nutella
- 1 banán, vékonyra szeletelve
- 1 tojás, felvert
- Porcukor, porozáshoz

UTASÍTÁS:

a) Melegítsd elő a sütőt 200°C-ra (400°F).
b) Enyhén lisztezett felületen nyújtsuk ki a leveles tésztalapot 12 hüvelykes négyzetre.
c) Vágja a négyzetet 4 kisebb négyzetre.
d) Kenjünk minden négyzetre egy evőkanál Nutellát, hagyjunk egy kis szegélyt a szélein.
e) Tegyünk néhány szelet banánt a Nutella tetejére.
f) Tekerje fel az egyes négyzeteket az egyik sarkától a másik sarokig, croissant formát formázva.
g) Sütőpapírral bélelt tepsire tesszük a kifliket.
h) A kifliket megkenjük a felvert tojással.
i) 15-20 percig sütjük, amíg a croissant aranybarna és felfuvalkodott.
j) Tálalás előtt porcukorral meghintjük.

10. S'mores croissant

ÖSSZETEVŐK:
- 1 lap leveles tészta, felengedve
- ¼ csésze Nutella
- ¼ csésze mini mályvacukor
- ¼ csésze graham keksz morzsa
- 1 tojás, felvert
- Porcukor, porozáshoz

UTASÍTÁS:
a) A sütőt előmelegítjük a leveles tészta csomagolásán feltüntetett hőmérsékletre. Általában 190 °C (375 °F) körül van.
b) Enyhén lisztezett felületen bontsuk ki a felengedett leveles tésztalapot, és enyhén nyújtsuk ki egyenletes vastagságig.
c) Késsel vagy pizzavágóval vágjuk háromszögekre a leveles tésztát. Körülbelül 6-8 háromszöget kell kapnia, a kívánt mérettől függően.
d) Minden leveles tészta háromszögre kenjünk egy vékony réteg Nutellát, hagyjunk egy kis szegélyt a szélein.
e) Szórj meg Graham kekszmorzsával a Nutella réteget minden háromszögben.
f) Helyezzen néhány mini mályvacukrot a Graham kekszmorzsára, egyenletesen elosztva őket a háromszögben.
g) Minden háromszög szélesebb végétől kiindulva óvatosan feltekerjük a tésztát a hegyes vége felé, croissant formát formázva. Ügyeljen arra, hogy a széleit lezárja, nehogy a töltelék kifolyjon.
h) Az elkészített kifliket sütőpapírral bélelt tepsire tesszük, hagyjunk köztük helyet, hogy sütés közben kitáguljanak.
i) Minden croissant tetejét megkenjük a felvert tojással, amitől sütéskor gyönyörű aranyszínű lesz.
j) Süssük a S'mores croissant-okat az előmelegített sütőben körülbelül 15-18 percig, vagy amíg aranybarnák és felfúvódnak.
k) Ha megsült, vegyük ki a kifliket a sütőből, és egy rácson hagyjuk kicsit kihűlni.
l) Tálalás előtt szórja meg a S'mores croissant-t porcukorral, így egy kis édességet és vonzó befejezést ad hozzá.
m) Élvezze az ízletes, házi készítésű S'mores croissant-t reggelire, desszertre, vagy bármikor, amikor a Nutella, a mályvacukor és a Graham keksz elragadó kombinációjára vágyik.

11. Fahéjas ujjzsemle croissant

ÖSSZETEVŐK:
croissant tészta:
- 500 gramm univerzális liszt
- 60 gramm kristálycukor
- 10 gramm só
- 7 gramm aktív száraz élesztő
- 250 ml meleg tej
- 250 gramm sótlan vaj, lehűtve és vékony szeletekre vágva

TÖLTŐ:
- 100 gramm sótlan vaj, lágyítva
- 80 gramm barna cukor
- 2 teáskanál őrölt fahéj

JEGESEDÉS:
- 150 gramm porcukor
- 2 evőkanál tej
- 1/2 teáskanál vanília kivonat

UTASÍTÁS:
ELKÉSZÍTSÜK A KIFELIS TÖSZTÁT:
a) Egy nagy keverőtálban keverje össze az univerzális lisztet, a kristálycukrot, a sót és az aktív száraz élesztőt.
b) Lassan adjuk hozzá a meleg tejet a száraz hozzávalókhoz, és addig keverjük, amíg tésztát nem kapunk.
c) A tésztát lisztezett felületen 5-7 percig gyúrjuk, amíg sima és rugalmas nem lesz.
d) A tésztából golyót formálunk, fóliával letakarjuk, és 15 percig pihentetjük.
e) Nyújtsa ki a tésztát körülbelül 1/4 hüvelyk vastagságú téglalappá.
f) A tészta kétharmadára tegyük a kihűlt sótlan vajszeleteket, a másik harmadban hagyjuk vaj nélkül.
g) Hajtsa rá a vajazatlan harmadát a középső harmadára, majd hajtsa rá a vajas harmadát. Ezt "levélhajtásnak" hívják.
h) A tésztát 90 fokkal elforgatjuk, és ismét téglalap alakúra nyújtjuk. Hajtson végre egy újabb betűhajtást.
i) Csomagold be a tésztát műanyag fóliába, és tedd hűtőbe 30 percre.
j) Ismételje meg a hengerlési és hajtogatási folyamatot még kétszer, az egyes hajtogatások között 30 percig hűtse a tésztát.
k) Az utolsó hajtogatás után a tésztát legalább 2 órára, de lehetőleg egy éjszakára hűtőbe tesszük.
ELKÉSZÍTSE A TÖLTETÉST:
l) Egy kis tálban keverjük jól össze a lágy, sótlan vajat, a barna cukrot és az őrölt fahéjat. Félretesz, mellőz.
m) A croissant formázása:
n) Enyhén lisztezett felületen nyújtsuk ki a kifli tésztát egy nagy, körülbelül 1/4 hüvelyk vastag téglalappá.
o) Az elkészített tölteléket egyenletesen elosztjuk a tészta teljes felületén.
p) Az egyik hosszú végétől kezdve óvatosan sodorja a tésztát egy szoros rúdba.
q) Egy éles késsel vágja a rönköt egyforma méretű darabokra, mindegyik körülbelül 1 hüvelyk széles.

r) Sütőpapírral bélelt tepsire tesszük a darabokat úgy, hogy elegendő helyet hagyjunk közöttük a bővüléshez.
s) A kifliket letakarjuk egy tiszta konyharuhával, és hagyjuk kelni szobahőmérsékleten 1-2 órát, vagy amíg a duplájára nem nő.

SÜTSÜK KI A CROSSZANTOT:
t) Melegítsd elő a sütőt 190°C-ra (375°F).
u) Süssük a kifliket az előmelegített sütőben 15-20 percig, vagy amíg aranybarnák nem lesznek.
v) A cukormáz elkészítése:
w) Egy kis tálban keverjük össze a porcukrot, a tejet és a vaníliakivonatot, amíg sima habot nem kapunk.
x) Jegessük a croissant-t:
y) Ha a kifli kissé kihűlt, minden kifli tetejére csorgassuk a cukormázt.
z) Tálald és élvezd:
aa) A zsemle croissant tálalásra kész! Legjobb frissen fogyasztani, de a maradékot légmentesen záródó edényben szobahőmérsékleten akár 2 napig is eltarthatod.
bb) Élvezze a finom házi készítésű zsemle croissant-ját! A croissant finomságát ötvözik az édes és fahéjas töltelékkel, így tökéletes csemege reggelire vagy a nap bármely szakában.

12. Fahéjas cukor croissant

ÖSSZETEVŐK:
- Alap croissant tészta
- ¼ csésze kristálycukor
- 1 evőkanál őrölt fahéj
- ½ csésze sózatlan vaj, olvasztott

UTASÍTÁS:
a) Nyújtsuk ki a kifli tésztát egy nagy téglalappá.
b) A tésztát háromszögekre vágjuk.
c) Egy kis keverőtálban keverjük össze a cukrot és a fahéjat.
d) Minden kiflit megkenünk olvasztott vajjal, és megszórjuk fahéjas cukorral.
e) Minden háromszöget feltekerünk a széles végétől kezdve, és félhold alakúra formáljuk.
f) A kifliket bélelt tepsire tesszük, és 1 órát kelesztjük.
g) Melegítsd elő a sütőt 200°C-ra, és süsd a kifliket 20-25 perc alatt aranybarnára.

13.Áfonyás és krémsajtos croissant

ÖSSZETEVŐK:
- Alap croissant tészta
- 4 uncia krémsajt, megpuhult
- ¼ csésze áfonya befőtt
- 1 tojást 1 evőkanál vízzel felverünk
- Porcukor a porozáshoz

UTASÍTÁS:
a) Nyújtsuk ki a kifli tésztát egy nagy téglalappá.
b) A tésztát háromszögekre vágjuk.
c) Egy keverőtálban keverjük össze a krémsajtot és az áfonya befőtteket.
d) Minden croissant alsó felére kenjük a krémsajtos keveréket.
e) Helyezze vissza a croissant felső felét, és finoman nyomja le.
f) A kifliket bélelt tepsire tesszük, lekenjük tojással, és 1 órát kelesztjük.
g) Melegítsd elő a sütőt 200°C-ra, és süsd a kifliket 20-25 perc alatt aranybarnára.
h) Tálalás előtt porcukorral meghintjük.

14.Málnás rózsa licsi croissant

ÖSSZETEVŐK:
croissant tészta:
- 500 gramm univerzális liszt
- 50 gramm kristálycukor
- 7 gramm aktív száraz élesztő
- 250 ml meleg tej
- 100 gramm sótlan vaj, lágyítva
- 1 teáskanál só
- Vajblokk:
- 250 gramm sótlan vaj, lehűtve és vékony szeletekre vágva

TÖLTŐ:
- 1 csésze friss málna
- 1 csésze konzerv licsi, lecsepegtetve és apróra vágva
- 2 evőkanál rózsavíz
- 2 evőkanál kristálycukor

ZOMÁNC:
- 1/2 csésze porcukor
- 1 evőkanál rózsavíz
- Friss rózsaszirom (elhagyható, díszítéshez)

UTASÍTÁS:
ELKÉSZÍTSÜK A KIFELIS TÖSZTÁT:
a) Egy nagy keverőtálban keverje össze az univerzális lisztet, a kristálycukrot és az aktív száraz élesztőt.
b) Lassan adjuk hozzá a meleg tejet a száraz hozzávalókhoz, és addig keverjük, amíg tésztát nem kapunk.
c) A tésztát lisztezett felületen 5-7 percig gyúrjuk, amíg sima és rugalmas nem lesz.
d) A tésztából golyót formálunk, fóliával letakarjuk, és 15 percig pihentetjük.

BEÉPÍTÉSE A VAJBLOKKOT:
e) Lisztezett felületen a puha, sótlan vajat 6x10 hüvelykes téglalappá nyújtjuk.
f) Helyezze a vajtömböt a tészta kétharmadára, a másik harmadát vaj nélkül hagyja.
g) Hajtsa rá a vajazatlan harmadát a középső harmadára, majd hajtsa rá a vajas harmadát. Ezt "levélhajtásnak" hívják.
h) A tésztát 90 fokkal elforgatjuk, és ismét téglalap alakúra nyújtjuk. Hajtson végre egy újabb betűhajtást.
i) Csomagold be a tésztát műanyag fóliába, és tedd hűtőbe 30 percre.
j) Ismételje meg a hengerlési és hajtogatási folyamatot még kétszer, az egyes hajtogatások között 30 percig hűtse a tésztát.
k) Az utolsó hajtogatás után a tésztát legalább 2 órára, de lehetőleg egy éjszakára hűtőbe tesszük.

ELKÉSZÍTSE A TÖLTETÉST:
l) Egy tálban óvatosan összekeverjük a friss málnát, az apróra vágott licsit, a rózsavizet és a kristálycukrot. Tegye félre a tölteléket.

FORMÁZZÁK KI A croissantokat:
m) Enyhén lisztezett felületen nyújtsuk ki a kifli tésztát egy nagy, körülbelül 1/4 hüvelyk vastag téglalappá.
n) Vágja a tésztát háromszögekre úgy, hogy a téglalap alján körülbelül 4-5 hüvelyk széles átlós bevágásokat készít.
o) Mindegyik háromszög aljára tegyünk egy kanál málnarózsa licsi tölteléket.

p) Az alaptól kezdve óvatosan tekerje fel mindegyik háromszöget a vége felé, hogy croissant-t formázzon.

q) A kifliket sütőpapírral bélelt tepsire tesszük, hagyjunk köztük elegendő helyet a bővüléshez.

r) A kifliket letakarjuk egy tiszta konyharuhával, és hagyjuk kelni szobahőmérsékleten 1-2 órát, vagy amíg a duplájára nem nő.

ELŐMELEGÍTÉS ÉS MAZÁS:

s) Melegítsd elő a sütőt 190°C-ra (375°F).

t) Egy kis tálkában keverjük össze a porcukrot és a rózsavizet a máz elkészítéséhez.

SÜTSÜK MÁLNA RÓZSÁT LICSI CRASSÁNT:

u) A megkelt croissant-t kenjük meg a mázzal, a mázt későbbre tartsuk.

v) Süssük a kifliket az előmelegített sütőben 15-20 percig, vagy amíg aranybarnák nem lesznek.

ÚJRA MÁZ ÉS DÍSZÍTÉS:

w) A kifliket kivesszük a sütőből és megkenjük a maradék mázzal.

x) Kívánság szerint díszítse a croissant-t friss rózsaszirmokkal az extra elegancia érdekében.

15.Áfonya croissant

ÖSSZETEVŐK:

- Alap croissant tészta
- 1 csésze friss áfonya
- ¼ csésze kristálycukor
- 1 evőkanál kukoricakeményítő
- 1 tojást 1 evőkanál vízzel felverünk

UTASÍTÁS:

a) Nyújtsuk ki a kifli tésztát egy nagy téglalappá.

b) Egy kis tálban keverjük össze az áfonyát, a cukrot és a kukoricakeményítőt.

c) Az áfonyás keveréket egyenletesen eloszlatjuk a tészta felületén.

d) A tésztát háromszögekre vágjuk.

e) Minden háromszöget feltekerünk croissant formára.

f) A kifliket bélelt tepsire tesszük, lekenjük tojással, és 1 órát kelesztjük.

g) Melegítsd elő a sütőt 200°C-ra, és süsd a kifliket 20-25 perc alatt aranybarnára.

16.Málnás croissant

ÖSSZETEVŐK:

- Alap croissant tészta
- 1 csésze friss málna
- ¼ csésze kristálycukor
- 1 tojást 1 evőkanál vízzel felverünk

UTASÍTÁS:

a) Nyújtsuk ki a kifli tésztát egy nagy téglalappá.
b) A tésztát háromszögekre vágjuk.
c) Tegyünk friss málnát minden croissant-ra.
d) A málnát kristálycukorral megszórjuk.
e) Minden háromszöget feltekerünk a széles végétől kezdve, és félhold alakúra formáljuk.
f) A kifliket bélelt tepsire tesszük, és 1 órát kelesztjük.
g) Melegítsd elő a sütőt 200°C-ra, és süsd a kifliket 20-25 perc alatt aranybarnára.

RÖVID KENYÉS SÜTI

17.Mandulás omlós keksz

ÖSSZETEVŐK:
- 1 csésze liszt, univerzális
- ½ csésze kukoricakeményítő
- ½ csésze cukor, porított
- 1 csésze mandula, finomra vágva
- ¾ csésze vaj; megpuhult

UTASÍTÁS:
a) Keverje össze a lisztet, a kukoricakeményítőt és a porcukrot; belekeverjük a mandulát. Adjunk hozzá vajat; fakanállal addig turmixoljuk, amíg puha tésztát nem kapunk.
b) A tésztából kis golyókat formázunk. Helyezze a kizsírozott sütilapra; enyhén lisztezett villával lapíts ki minden golyót. Süssük 300 fokon 20-25 percig, vagy amíg a szélei enyhén megbarnulnak.
c) Tárolás előtt hűtsük le.

18.Barna cukros omlós keksz

ÖSSZETEVŐK:

- 1 csésze sótlan vaj; szobahőmérséklet
- 1 csésze csomagolt világos barna cukor
- 2 csésze univerzális liszt
- ¼ teáskanál Só
- 1 evőkanál cukor
- 1 teáskanál őrölt fahéj

UTASÍTÁS:

a) A sütőt előmelegítjük 325 fokra. Enyhén vajazz ki egy 9 hüvelykes rugós tepsit. Elektromos keverővel verj fel 1 csésze vajat egy nagyobb tálban, amíg világos és bolyhos nem lesz.

b) Hozzáadjuk a barna cukrot és jól elkeverjük. Gumilapáttal keverjük hozzá a lisztet és a sót (ne keverjük túl). Nyomjuk a tésztát az előkészített tepsibe. Egy kis tálban összekeverjük a cukrot és a fahéjat. Fahéjas cukrot szórunk a tésztára. Vágja a tésztát 12 szeletre, használjon vonalzót, és vágja át a tésztát. Minden éket többször átszúrunk fogpiszkálóval.

c) Süssük addig, amíg az omlós tészta barna nem lesz, a széle kemény és a közepe kissé puha, körülbelül 1 óra. Az omlós tésztát teljesen lehűtjük a rácson lévő serpenyőben. Távolítsa el a serpenyő oldalait.

19. Gyümölcsös omlós sütemény

ÖSSZETEVŐK:

- 2½ csésze liszt
- 1 teáskanál Krém fogkő
- 1½ csésze cukrászcukor
- 1 9 oz. doboz Nonesuch vagdalt
- 1 teáskanál vanília
- 1 teáskanál szódabikarbóna
- 1 csésze vaj, lágyított
- 1 tojás

UTASÍTÁS:

a) Melegítse elő a sütőt 375 F-ra. 2. Keverjük össze a lisztet, a szódát és a tartárkrémet.

b) Egy nagy tálban habosra keverjük a vajat és a cukrot. Add hozzá a tojást.

c) Hozzákeverjük a vaníliát és a morzsolt darált.

d) Adjuk hozzá a száraz hozzávalókat. Jól keverjük össze a tészta kemény lesz.

e) Forgassa 1¼"-os golyókat. Helyezze a kiolajozott sütilapra, kissé lapítsa el.

f) Süssük 10-12 percig, vagy amíg enyhén barna nem lesz.

g) Még melegen befedjük egy mázzal cukrászcukorral, tejjel és vaníliával.

20.Levendulás omlós keksz

ÖSSZETEVŐK:

- ½ csésze sózatlan vaj szobahőmérsékleten
- ½ csésze szitálatlan cukrászcukor
- 2 teáskanál szárított levendula virág
- 1 teáskanál zúzott szárított fodormenta levél
- ⅛ teáskanál fahéj
- 1 csésze szitálatlan liszt

UTASÍTÁS:

a) Melegítse elő a sütőt 325 F-ra. Készítsen elő egy 8 hüvelykes, négyzet alakú tepsit úgy, hogy bélelje ki alufóliával, és enyhén vonja be a fóliát növényi olajjal.

b) A vajat habosra és világosra keverjük. Hozzákeverjük a cukrot, a levendulát, a fodormentát és a fahéjat. Beledolgozzuk a lisztet, és addig turmixoljuk, amíg a keverék omlós nem lesz. Az előkészített tepsibe kaparjuk, és egyenletesen eloszlatjuk, majd enyhén megnyomjuk, hogy egyenletesen tömörödjön.

c) Süssük 25-30 percig, vagy amíg a széle körül enyhén aranybarna nem lesz.

d) Óvatosan emelje ki a fóliát és az omlós tésztát a tepsiből egy vágófelületre. Szeletelje fel a rudakat egy fogazott késsel.

e) Tegyük rácsra, hogy teljesen kihűljön. Szorosan lezárt dobozban tárolandó.

21. Mokka omlós süti

ÖSSZETEVŐK:
- 1 teáskanál Nescafe Classic instant kávé
- 1 teáskanál forrásban lévő víz
- 1 csomag (12 uncia) Nestle Toll House félédes csokoládé falat; megosztott
- ¾ csésze vaj; megpuhult
- 1¼ csésze szitált cukrászcukor
- 1 csésze univerzális liszt
- ⅓ teáskanál só

UTASÍTÁS:
a) A sütőt 250 fokra előmelegítjük. Egy csészében oldja fel a Nescafe Classic instant kávét forrásban lévő vízben; félretesz, mellőz. Olvasszuk fel forró (nem forrásban lévő) víz felett, 1 csésze Nestle Toll House félédes csokoládé falatokat; simára keverjük.

b) Vegyük le a tűzről; félretesz, mellőz. Egy nagy tálban keverje össze a vajat, a cukrászdai cukrot és a kávét; simára verjük. Fokozatosan belekeverjük a lisztet és a sót.

c) Hozzákeverjük az olvasztott falatokat. A tésztát két viaszpapír között 3/16 hüvelyk vastagságúra tekerjük. Távolítsa el a felső lapot; 2-½ hüvelykes kiszúróval vágja ki a sütiket. Vegyük le a viaszos papírról, és tegyük zsírtalan sütilapokra. 250 fokon 25 percig sütjük. Rácsokon teljesen lehűtjük.

d) Olvasszuk fel forró (nem forrásban lévő) víz felett, a maradék 1 csésze Nestle Toll House félédes csokoládé falatokat; simára keverjük. Enyhén lekerekített teáskanál olvasztott csokoládéval terítsen a süti lapos oldalára; tetejére a második süti. Ismételje meg a többi sütivel.

e) Hűtsük le, amíg meg nem áll. Tálalás előtt 15 percig szobahőmérsékleten állni hagyjuk.

22.Mogyorós omlós keksz

ÖSSZETEVŐK:

- 250 ml vaj; Sózatlan, lágyított
- 60 milliliter krémes mogyoróvaj
- 1 nagy fehér tojás; Elválasztott
- 5 milliliter vanília kivonat
- 325 milliliter univerzális liszt
- 250 milliliter régimódi hengerelt zab
- 60 milliliter búzacsíra
- 250 milliliter sózott szárazon pörkölt földimogyoró; finomra vágott
- 250 ml világosbarna cukor; szilárdan becsomagolva

UTASÍTÁS:

a) Egy keverőtálban elektromos mixerrel keverjük össze a vajat, a mogyoróvajat, a cukrot, majd keverjük hozzá a tojássárgáját és a vaníliakivonatot.

b) Adjuk hozzá a lisztet, a zabot és a búzacsírát, és keverjük össze a keveréket. A masszát egyenletesen eloszlatjuk egy kivajazott, 40 x 27 x 2½ cm-es, kivajazott zselés tekercsben, a tetejét elsimítjuk, enyhén felvert tojásfehérjét megkenjük, majd egyenletesen szórjuk rá a földimogyorót. .

c) Süssük a keveréket 150 C-ra előmelegített sütő közepén 25-30 percig, vagy amíg a teteje aranybarna nem lesz.

d) Tegye át a serpenyőt egy rácsra hűlni. Amíg a keverék még forró, vágja kis, egyenletes négyzetekre, és hagyja teljesen kihűlni a sütiket a serpenyőben.

23.Fűszeres omlós keksz

ÖSSZETEVŐK:
- 1 csésze margarin, lágyított
- ⅔ csésze szitált porcukor
- ½ teáskanál Őrölt szerecsendió
- ½ teáskanál őrölt fahéj
- ½ teáskanál őrölt gyömbér
- 2 csésze univerzális liszt

UTASÍTÁS:
a) Krémvaj; fokozatosan adjuk hozzá a cukrot, közepes sebességgel elektromos mixerrel világosra és bolyhosra verjük. Adjuk hozzá a fűszereket, és jól keverjük össze.

b) Belekeverjük a lisztet. A tészta kemény lesz. Formázz a tésztából 1 100 dolláros golyókat, és tedd egymástól 2 hüvelyk távolságra enyhén kikent sütilapokra. Enyhén nyomja meg a sütiket lisztezett sütibélyegzővel vagy villával, hogy ¼ hüvelyk vastagságúra lapítsák. Süsse 325 fokon 15-18 percig, vagy amíg kész. Rácsokon hagyjuk kihűlni.

24.Pekándiós omlós keksz

ÖSSZETEVŐK:

- ¾ font vaj
- 1 csésze cukrászcukor
- 3 csésze liszt, szitált
- ½ teáskanál Só
- ½ teáskanál vanília
- ¼ csésze cukor
- ¾ csésze pekándió, finomra vágva

UTASÍTÁS:

a) A vajat és a cukrászati cukrot habosra keverjük.
b) A lisztet és a sót szitáljuk össze, és adjuk a tejszínes keverékhez. Adjuk hozzá a vaníliát és alaposan keverjük össze. Adjunk hozzá pekándiót.
c) A tésztát golyóvá gyúrjuk, viaszpapírba csomagoljuk, és keményre hűtjük.
d) A kihűtött tésztát ½" vastagságúra nyújtjuk. Pogácsaszaggatóval vágja ki a sütiket. Szórja meg a tetejét kristálycukorral. Helyezze a kivágott sütiket kizsírozott tepsire, és sütés előtt 45 percre hűtőbe tesszük.
e) Melegítse elő a sütőt 325 F-ra.
f) Süssük 20 percig, vagy amíg enyhén színeződni kezd; a sütik egyáltalán nem barnulhatnak meg. Racken hűtsük.

25.Oregon mogyorós omlós keksz

ÖSSZETEVŐK:

- 1 csésze pirított oregoni mogyoró
- ¾ csésze vaj; hűtve
- ¾ csésze cukor
- 1½ csésze fehérítetlen liszt

UTASÍTÁS:

a) A pörkölt mogyorót aprítógépben durvára daráljuk. Hozzáadjuk a vajat és a cukrot, és alaposan eldolgozzuk. Helyezze a dióféléket, a vajat és a cukrot a keverőedénybe, majd adjon hozzá lisztet (egyszerre fél csésze), és minden hozzávalót teljesen összekever. Keverje össze a keveréket egy labdába.

b) Készítsen 1-½ hüvelykes golyókat, és tegye egy tapadásmentes sütilapra, körülbelül ½ hüvelykes távolságra egymástól.

c) 350 fokon 10-12 percig sütjük. Hűtőbe tesszük a tészta maradékát, amíg készen áll a sütésre.

POGÁSZ

26. Cappuccino pogácsa

ÖSSZETEVŐK:
- 2 csésze univerzális liszt
- ¼ csésze kristálycukor
- 2 evőkanál instant kávé granulátum
- 1 evőkanál sütőpor
- ½ teáskanál só
- ½ csésze hideg sótlan vaj, kockára vágva
- ½ csésze nehéz tejszín
- ¼ csésze erős főzött kávé, lehűtve
- 1 teáskanál vanília kivonat
- ½ csésze féléldes csokireszelék (opcionális)
- 1 tojás (tojásmosáshoz)
- Durva cukor (szóráshoz, opcionális)

UTASÍTÁS:
a) Melegítsd elő a sütőt 200°C-ra, és bélelj ki egy tepsit sütőpapírral.

b) Egy nagy keverőtálban keverje össze a lisztet, a kristálycukrot, az instant kávé granulátumot, a sütőport és a sót.

c) A száraz hozzávalókhoz adjuk a hideg kockára vágott vajat. Pogácsaszaggatóval vagy ujjaival dolgozza bele a vajat a száraz keverékbe, amíg durva morzsára nem hasonlít.

d) Egy külön tálban keverje össze a tejszínt, a főzött kávét és a vaníliakivonatot.

e) Öntsük a nedves hozzávalókat a száraz keverékhez, és keverjük addig, amíg össze nem áll. Ízlés szerint beleforgatjuk a féléldes csokireszeléket.

f) A tésztát lisztezett felületre borítjuk, és néhányszor óvatosan átgyúrjuk, amíg összeáll.

g) A tésztát egy körülbelül 1 hüvelyk vastagságú kör alakra verjük. Vágja a kört 8 szeletre.

h) Helyezze a pogácsákat az előkészített tepsire. A tojást felverjük és megkenjük vele a pogácsa tetejét. Ha használjuk, szórjuk meg durva cukorral.

i) Előmelegített sütőben 15-18 percig sütjük, vagy amíg a pogácsa aranybarna nem lesz, és a közepébe szúrt fogpiszkáló tisztán ki nem jön.

j) Tálalás előtt a cappuccino pogácsákat rácson hagyjuk kihűlni.

27.Fahéjas kávés pogácsa

ÖSSZETEVŐK:

- 2 csésze magától kelő liszt
- 2 teáskanál fahéj
- 6 evőkanál cukor
- ¾ csésze sótlan vaj
- 2 tojás
- ¼ csésze erős főzött Folgers kávé
- ¼ csésze tej
- ½ csésze arany mazsola
- ½ csésze apróra vágott pekándió
- Extra tej és cukor a feltétekhez

UTASÍTÁS:

a) Keverjük össze a lisztet, a fahéjat és a cukrot. A vajat evőkanálnyi darabokra vágjuk, és a száraz keverékhez keverjük.

b) Keverjük össze a tojást, a kávét és a tejet. A száraz masszához keverjük, hogy lágy tésztát kapjunk. Keverje hozzá a gyümölcsöt és a diót. Lisztezett deszkára borítjuk, és óvatosan egy kb.

c) Finoman megkenjük tejjel a tetejüket, és előmelegített sütőben 12-15 percig sütjük, amíg aranybarna nem lesz. Forrón tálaljuk.

28.Matcha zöld tea pogácsa

ÖSSZETEVŐK:
A MATCHA POGÁCSHOZ:
- 2 csésze gluténmentes 1:1 arányú liszt xantángumival
- 2 teáskanál sütőpor
- 2 evőkanál matcha por
- ½ teáskanál só
- 3 evőkanál olvasztott kókuszolaj
- 5 evőkanál cukrozatlan növényi tej
- ⅓ csésze tiszta juharszirup
- 1 teáskanál tiszta vanília kivonat vagy mandula kivonat
- ⅓ csésze vegán fehér csokoládé chips (opcionális)

A MÁZHOZ:
- ½ csésze vegán cukrászcukor
- 1-2 evőkanál cukrozatlan növényi tej vagy víz

UTASÍTÁS:
A POGÁCS ELKÉSZÍTÉSE:
a) Melegítsük elő a sütőt 350 Fahrenheit fokra, és béleljünk ki egy nagy tepsit sütőpapírral. Tedd félre.
b) Egy nagy keverőtálban keverjük össze a gluténmentes lisztet, a sütőport, a matcha port és a sót. Addig keverjük, amíg egyenletesen össze nem kerednek.
c) Adjuk hozzá az olvasztott kókuszolajat, a növényi tejet, a juharszirupot és a vaníliakivonatot a tálba. Addig keverjük, amíg sűrű, omlós keveréket nem kapunk. Nedves, csomós homok állaga legyen. Ízlés szerint beleforgatjuk a fehér csokoládédarabkákat.
d) Tiszta kezével formálja a keveréket egy nagy golyóvá. Ha túl omlós, adjunk hozzá 1-2 evőkanál növényi tejet, amíg éppen annyira nedves nem lesz, hogy golyót formázzon. Lehetőleg ne dolgozza túl a tésztát.
e) Helyezze a tésztagolyót az előkészített tepsire, és kézzel vagy sodrófával simítsa 8 hüvelykes körré.
f) Késsel vágd fel a tésztát 8 egyforma méretű háromszögre (gondolj úgy, mint egy pizza vagy pite felvágására). Helyezze el egymástól 1-2 hüvelyk távolságra a háromszögeket a tepsiben.
g) Süssük a pogácsákat 14-18 percig, vagy amíg kissé megkelnek, és a szélei meg nem szilárdulnak. Vegye ki őket a sütőből, és hagyja 5 percig hűlni a tepsiben, mielőtt a hűtőrácsra helyezi őket.

A MÁZ ELKÉSZÍTÉSE:
h) Egy kis vagy közepes tálban keverje össze a vegán cukrászcukrot 1 evőkanál növényi tejjel. Szükség szerint állítsa be az állagot úgy, hogy több cukrot adjon hozzá a vastagsághoz, vagy több tejet, hogy hígabb legyen. A máznak elég vékonynak kell lennie ahhoz, hogy egy kanálról lecsepegjen, de ne legyen folyós.
i) Ha a pogácsa teljesen kihűlt, egy kanál segítségével csorgassuk a cukormázt a pogácsa tetejére. Élvezd!

29.Earl Grey teapogácsa

ÖSSZETEVŐK:
A POGÁSZHOZ:
- 2 csésze univerzális liszt
- ¼ csésze kristálycukor
- 1½ teáskanál szódabikarbóna
- ¼ teáskanál só
- 6 teászsák Earl Grey tea (1 teazsák 1 teáskanálnak felel meg)
- ½ csésze tej (lehet fele-fele, tejszín vagy író)
- 6 evőkanál sótlan vaj (nagyon hideg)
- 1 nagy tojás
- 1 teáskanál tiszta vanília kivonat

A POGAMÁZHOZ:
- 1 csésze porcukor
- 2 teáskanál tej (tejszín is használható)
- ½ teáskanál tiszta vanília kivonat
- 1 evőkanál szárított levendula (elhagyható)

UTASÍTÁS:
HOGYAN KÉSZÍTSÜK EARL GREY POGALMÁT:
a) Melegítsük elő a sütőt 400°F-ra.
b) Egy nagy keverőtálban mérjük ki a lisztet, a cukrot, a szódabikarbónát és a sót. Nyissa ki az Earl Grey Tea zacskóit, és adja hozzá a száraz teát a lisztes keverékhez. Keverjük jól össze.
c) Egy kis tálban keverjük össze a tojást, a tejet és a vaníliát.
d) A nagyon hideg vajat sajtreszelővel vagy reszelőkéssel vágjuk a lisztes tálba. Pogácsaszaggatóval vagy két kés segítségével keverje bele a vajat a lisztes keverékbe, amíg borsónyi morzsát nem kap.
e) Adjuk hozzá a nedves hozzávalókat a száraz hozzávalókhoz, és keverjük addig, amíg a keverék nedves lesz, tésztagolyót formálva.
f) A tésztát lisztezett tiszta felületre öntjük, és kézzel golyóvá formáljuk. Nyújtsa ki a tésztát egy 8 hüvelykes körré egy sodrófával körülbelül negyed hüvelyk vastagságúra. Alternatív megoldásként a kezével kör alakúra formázhatja a tésztát.
g) Vágjuk a tésztát 8 háromszögre egy éles késsel vagy egy padkaparóval, és tegyük át a pogácsákat egy sütőpapírral bélelt tepsibe úgy, hogy az egyes darabok között helyet hagyjunk.
h) Süssük körülbelül 15-20 percig, vagy amíg a szélei aranybarnák nem lesznek.
i) Hagyja pihenni a pogácsákat, majd tegye át egy hűtőrácsra. Amíg még kissé melegek, tetszés szerint mázzal is megkenhetjük őket.
HOGYAN KÉSZÍTSÜK A POGAMÁZOT:
j) Egy kis tálban hozzáadjuk a máz összes hozzávalóját, és simára keverjük. A mázat kenjük a pogácsákra, ha kihűltek.
k) Ha levendulát használunk, adhatjuk a mázhoz, vagy szórhatjuk a máz tetejére.

30.Születésnapi torta pogácsa

ÖSSZETEVŐK:
A POGÁSZHOZ:
- 2 csésze univerzális liszt
- ¼ csésze kristálycukor
- 2 teáskanál sütőpor
- ½ teáskanál só
- ½ csésze sótlan vaj, hidegen és kockára vágva
- ½ csésze író
- 1 teáskanál vanília kivonat
- ¼ csésze színes permet

A MÁZHOZ:
- 1 csésze porcukor
- 2 evőkanál tej
- ½ teáskanál vanília kivonat
- További szórások a díszítéshez (opcionális)

UTASÍTÁS:
a) Melegítsd elő a sütőt 200°C-ra, és bélelj ki egy tepsit sütőpapírral.
b) Egy nagy keverőtálban keverjük össze a lisztet, a kristálycukrot, a sütőport és a sót.
c) A száraz hozzávalókhoz adjuk a hideg kockára vágott vajat. Pogácsaszaggatóval vagy ujjaival vágja a vajat a lisztes keverékhez, amíg durva morzsára nem hasonlít.
d) Egy külön tálban keverjük össze az írót és a vaníliakivonatot.
e) Fokozatosan öntsük az írókeveréket a száraz hozzávalókhoz, és addig keverjük, amíg össze nem áll.
f) Finoman hajtsa bele a színes permeteket, ügyelve arra, hogy ne keveredjen túl és ne veszítse el az élénk színeket.
g) A tésztát enyhén lisztezett felületre tesszük. Körülbelül 1 hüvelyk vastagságú kört vagy téglalapot formázunk belőle.
h) Éles késsel vagy pogácsaszaggatóval vágja a tésztát szeletekre vagy négyzetekre, a kívánt formától és mérettől függően.
i) Helyezze a pogácsákat az előkészített tepsire, hagyjon egy kis helyet az egyes pogácsák között.
j) Süssük a pogácsákat előmelegített sütőben körülbelül 15-20 percig, vagy amíg aranybarnára nem sülnek és átsülnek.
k) Amíg a pogácsa sül, elkészítjük a mázat. Egy keverőtálban keverjük simára és krémesre a porcukrot, a tejet és a vaníliakivonatot.
l) Ha a pogácsák megsültek, vegyük ki a sütőből, és hagyjuk rácson pár percig hűlni.
m) A mázat a meleg pogácsákra kenjük, hagyjuk, hogy az oldalukon lecsepegjen.
n) Opcionális: Szórjon további színes permeteket a máz tetejére, hogy extra ünnepi hangulatot adjon.
o) A születésnapi torta pogácsa tálalása előtt hagyjuk állni a mázat néhány percig.

31.Funfetti pogácsa

ÖSSZETEVŐK:
A POGÁSZHOZ:
- 1 ½ csésze univerzális liszt
- 1 ½ csésze tortaliszt
- ½ csésze cukor
- 1 teáskanál só
- 1 evőkanál sütőpor
- 1 ½ evőkanál vanília kivonat
- 1 ½ csésze kemény tejszín plusz ¼ csésze a pogácsa ecsettel
- ½ csésze permet

A MÁZHOZ:
- 1 csésze porcukor
- 1 teáskanál vanília kivonat
- ½ teáskanál mandula kivonat
- 4 evőkanál nehéz tejszín

UTASÍTÁS:

a) Melegítse elő a sütőt 425 °F-ra. Egy tepsit kibélelünk sütőpapírral, és félretesszük.

b) Egy nagy tálban keverje össze az univerzális lisztet, a süteménylisztet, a cukrot, a sót, a sütőport és a szórókat. A száraz hozzávalókat jól összekeverjük.

c) Adjuk hozzá a tejszínt és a vaníliakivonatot a száraz keverékhez. Addig keverjük, amíg az összetevők teljesen össze nem keverednek. Ha a keverék túl száraznak tűnik, adjunk hozzá egy kis tejszínt. Ha túl nedves, tegyünk bele egy evőkanál lisztet.

d) Ha a tésztánk alaposan összeállt, tegyük át enyhén lisztezett felületre. Kezével ütögesse a tésztát ¾ hüvelyk vastag téglalappá.

e) A tésztát háromszögekre vágjuk, vagy pogácsa formázásához használhatunk kekszvágót is. Körülbelül 20 háromszöget sikerült kiszednem a tésztából.

f) Helyezze a pogácsákat az előkészített tepsire. A pogácsa tetejét megkenjük egy kevés tejszínnel. Ezután a tepsit 15 percre a hűtőbe tesszük. Ez a pihenőidő lehetővé teszi, hogy a tészta ellazuljon és megkeljen.

g) A pogácsákat előmelegített sütőben körülbelül 15 percig sütjük, vagy amíg a szélei szép aranybarnák nem lesznek és a pogácsák teljesen meg nem sülnek. Ha kész, vegyük ki a sütőből, és tegyük át egy hűtőrácsra. Hagyja őket 10 percig hűlni.

h) Amíg a pogácsa hűl, elkészítjük a mázat. A porcukrot, a vaníliakivonatot, a mandulakivonatot és a tejszínt habosra keverjük. Igény szerint állítsuk be az állagot: ha túl sűrű lenne, adjunk hozzá még tejszínt, ha pedig túl híg, keverjünk bele még porcukrot.

i) Befejezésül csepegtesd a mázat a pogácsákra, és adj hozzá extra szórásokat a kellemes érintés érdekében. Élvezze a Funfetti pogácsát!

32.Szív alakú édes pogácsa

ÖSSZETEVŐK:
A POGÁSZHOZ:
- 2 evőkanál meleg víz (nem forró)
- 1 evőkanál aktív száraz élesztő
- 1 teáskanál kristálycukor
- 2 ¾ csésze univerzális liszt
- ¼ csésze cukor
- 3 teáskanál sütőpor
- 1 teáskanál só
- 1 csésze hideg rövidítés
- ⅞ csésze teljes tej
- 1 teáskanál vanília kivonat

A TOJÁSMOSÁSHOZ ÉS CUKOROS FELTÉTELHEZ:
- 1 tojás fehérje
- 2 evőkanál hideg víz
- 2 evőkanál pezsgő fehér cukor vagy rózsaszín díszcukor

UTASÍTÁS:
a) Kezdje a sütő előmelegítésével 191 °C-ra, és béleljen ki egy tepsit sütőpapírral.

b) Egy kis üvegtálban keverje össze a meleg vizet aktív száraz élesztővel és 1 teáskanál kristálycukorral. Hagyja az élesztőkeveréket keleszteni körülbelül 10 percig, vagy amíg szivacsot nem képez, amely nagyjából négyszer akkora, mint az eredeti keverék.

c) Egy nagy tálban szitáljuk össze az univerzális lisztet, a cukrot, a sütőport és a sót.

d) A hideg zsemledarabot apró kockákra vágjuk, és botmixerrel vagy villával addig keverjük a masszához, amíg morzsára nem hasonlít, borsónyi röpke csomókkal. Ügyeljen arra, hogy ne dolgozza túl a keveréket; maradnak még foltokban a száraz összetevők.

e) A morzsás keverék közepébe mélyedést készítünk, és hozzáadjuk a tejet, a vaníliakivonatot és az élesztős keveréket. Óvatosan hajtsa össze a keveréket, amíg alig nedvesedik és tésztát nem kap. Előfordulhat, hogy még nagy darabkák a száraz liszt. A tenyere sarkával nyomja le többször a keveréket, amíg össze nem áll.

f) Szórjon vagy szitáljon körülbelül 2 evőkanál lisztet a sütőpapírral borított munkafelületre.

g) A tésztából sima golyót formázunk, és az előkészített munkafelületre helyezzük.

h) A tésztát ¾ magasra simogatjuk vagy hengereljük. Fel-le mozdulatokkal vágja fel a pogácsákat egy 2 ½"-os szív alakú vágóeszközzel. A vágások között mártsa a vágót lisztbe, hogy elősegítse a folyamatot. Szedje össze a tésztát. törmeléket, megreformálja őket, és újra vágja.

i) A pogácsákat sütőpapírral bélelt tepsire helyezzük úgy, hogy közöttük 2 cm-es rés legyen.

j) Helyezze a tepsit meleg helyre, és hagyja kelni a pogácsákat 30 percig, vagy amíg a magasságuk majdnem megduplázódik, és eléri a körülbelül 1 ¼" magasságot. Amíg a pogácsák kelnek, melegítse elő a sütőt 191 °C-ra. .

k) A tojásfehérjét és a 2 evőkanál hideg vizet habosra és jól összekeverjük. A pogácsa tetejét megkenjük tojásfehérje tésztamosóval, és megszórjuk pezsgővel.

l) Süssük a pogácsákat 8-14 percig, vagy amíg meg nem puhulnak, és a szélei enyhén megpirulnak. Ezután helyezze át a pogácsákat a tepsiről a hűtőrácsokra.

33.Cadbury Creme tojáspogácsa

ÖSSZETEVŐK:

- 8 normál méretű Cadbury Creme tojás
- 3 ¼ csésze univerzális liszt
- ¼ csésze kristálycukor
- ¼ csésze csomagolt barna cukor
- 1 evőkanál plusz 1 teáskanál sütőpor
- ¼ teáskanál fahéj
- ¼ teáskanál só
- 3 evőkanál hideg vaj, felkockázva
- 2 csésze hideg kemény habtejszín
- Nyerscukor vagy húsvéti témájú nonparell (opcionális)

UTASÍTÁS:

a) Kezdje azzal, hogy minden Cadbury Creme Eggről eltávolítja a fóliát. Vágja durvára őket éles késsel, bár kissé ragacsos lehet. A feldarabolt tojásokat sütőpapírral vagy viaszpapírral bélelt tepsibe vagy tányérba tesszük, és egyenletes rétegre nyomkodjuk. Tegye a serpenyőt a fagyasztóba 1-2 órára, vagy amíg a feldarabolt tojás és a ragacsos töltelék megszilárdul.

b) Melegítse elő a sütőt 375 F fokra. Béleljen ki egy tepsit sütőpapírral, vagy használjon sütőkövet (bélés nélkül).

c) Egy nagy keverőtálban keverje össze a lisztet, a kristálycukrot, a barna cukrot, a sütőport, a fahéjat és a sót. A hideg vajat pogácsaszaggatóval vagy két késsel vágjuk bele a lisztes keverékbe, amíg durva morzsára nem hasonlít.

d) Vegye ki a Cadbury Creme Eggs-t a fagyasztóból, és tegye át egy vágódeszkára. A tojásokat még egyszer vágjuk kockára. Adjuk hozzá őket a lisztes keverékhez, és keverjük bevonni.

e) Egyszerre öntsük a tálba a hideg kemény habtejszínt, majd fakanállal óvatosan keverjük addig, amíg a hozzávalók éppen megnedvesednek. A tésztát enyhén lisztezett felületre vagy tésztalapra borítjuk, és nagyon óvatosan gyúrjuk, amíg tészta nem lesz. Kerülje a túlkeverést; a tésztának kissé repedezettnek és száraznak kell lennie.

f) Finoman ütögesse a tésztát ¾–1 hüvelyk vastag lapra. Egy 2,5-3,5 hüvelykes kekszvágó vagy kerek pohár segítségével vágja körbe a tésztát, és helyezze át őket a sütőlapra vagy kőre, 2 hüvelyk távolságra. Szórjuk meg nyerscukorral, vagy mártsuk minden kör tetejét egy tálba, ha szükséges.

g) Süssük 18-22 percig, vagy amíg a pogácsa szép arany színűvé nem válik. Tálaljuk melegen vagy szobahőmérsékleten. A maradékot légmentesen záródó edényben tárolja legfeljebb 3 napig.

h) Élvezze ezeket a Cadbury Creme Egg Pogácsákat elragadó, szeszélyes reggeli csemegeként, amely tökéletes a húsvét ünneplésére vagy bármely napra, amikor egy kis édességre vágyik.

34. Passiógyümölcs pogácsa

ÖSSZETEVŐK:
- 2 csésze univerzális liszt
- ⅓ csésze cukor
- 1 evőkanál sütőpor
- ½ teáskanál só
- ½ csésze sótlan vaj, lehűtve és felkockázva
- ⅔ csésze maracuja pép
- ½ csésze nehéz tejszín

UTASÍTÁS:
a) Melegítsük elő a sütőt 400°F-ra.
b) Egy keverőtálban keverjük össze a lisztet, a cukrot, a sütőport és a sót.
c) Adjuk hozzá a lehűtött vajat, és botmixerrel vagy kézzel vágjuk a vajat a száraz hozzávalókhoz, amíg a keverék omlós nem lesz.
d) Adjuk hozzá a maracuja pépet és a kemény tejszínt, keverjük addig, amíg a tészta összeáll.
e) A tésztát lisztezett felületre borítjuk, és kör alakúra simítjuk.
f) A tésztát 8 szeletre vágjuk
g) A pogácsákat sütőpapírral bélelt tepsire helyezzük.
h) Süssük 18-20 percig, vagy amíg aranybarna nem lesz.
i) Melegen tálaljuk vajjal és további maracuja péppel.

35.Kókuszos és ananászos pogácsa

ÖSSZETEVŐK:
POGÁSZ:
- 2 csésze sütőkeverék
- 1 teáskanál sütőpor
- ¼ csésze sózatlan vaj, kemény, apró darabokra vágva
- 2 uncia krémsajt
- ½ csésze angyal típusú kókusz
- ½ csésze makadámdió, apróra vágva
- Cukor Helyettesítse ⅓ csésze cukorral
- ⅓ csésze szénhidrát-visszaszámláló tejital
- 1 nagy tojás, felvert
- 1 teáskanál ananász kivonat
- 1 evőkanál zsíros tejszín a rántáshoz

ANGYAL TÍPUSÚ KÓKUSZ:
- ½ csésze cukrozatlan kókuszreszelék
- 1 ½ evőkanál. forrásban lévő víz
- Cukorhelyettesítő 2 teáskanálnak megfelelő. cukorból

UTASÍTÁS:
ANGYAL TÍPUSÚ KÓKUSZ:
a) Helyezze a kókuszt egy kis tálba. Forrásban lévő vizet és édesítőszert öntünk rá, és addig keverjük, amíg a kókusz jól megnedvesedik.
b) Helyezzen egy műanyag fóliát a tálra, és hagyja állni 15 percig.
POGÁSZ:
c) A sütőt előmelegítjük 400 fokra. Egy tepsit kibélelünk sütőpapírral.
d) Egy közepes méretű tálban a teáskanál sütőport keverjük bele a sütőkeverékbe.
e) Vágja a vajat és a krémsajtot a sütőkeverékbe, amíg a keverék durva morzsára nem hasonlít. Keverje hozzá a kókuszt és a makadámdiót.
f) Egy külön tálban keverjük össze a tejet, a tojást, a cukorhelyettesítőt és az ananászkivonatot.
g) Adjuk hozzá a nedves keveréket a szárazhoz, és addig keverjük, amíg lágy tészta nem lesz (ragadós lesz).
h) A tésztát a sütőkeverékkel enyhén beszórt felületre borítjuk.
i) Óvatosan tekerjük a tésztát, hogy bevonja. Gyúrjuk enyhén 10-szer.
j) A tésztát 7"-es kör alakban simítsa át a sütőpapírral bélelt tepsire. Ha a tészta túl ragacsos, fedje le egy darab műanyag fóliával, majd formáljon kört. Kenje meg a tetejét krémmel. Vágja 8 szeletre, de ne különálló.
k) Süssük 15-20 percig, vagy amíg aranybarna nem lesz. Vegye ki a sütőből. Várjon 5 percet, majd óvatosan vágja le és válassza szét az ékeket a bemetszések mentén. Melegen tálaljuk.

36.Rózsaszín limonádé pogácsa

ÖSSZETEVŐK:

- 1 csésze nehéz tejszín
- 1 csésze limonádé
- 6 csepp rózsaszín ételfesték
- 3 csésze magától kelő liszt
- 1 csipet só
- lekvár, tálalni
- tejszín, tálalni

UTASÍTÁS:

a) Melegítse elő a sütőt 450 °F-ra
b) Tegye az összes hozzávalót egy tálba. Enyhén keverjük össze.
c) Lisztezett felületre kaparjuk.
d) Enyhén összegyúrjuk, és a tésztát körülbelül 1 cm vastagra formázzuk.
e) Ezután kerek szaggatóval vágjuk ki a pogácsákat.
f) Kivajazott tepsire tesszük, a tetejüket megkenjük kevés tejjel.
g) 10-15 percig sütjük, vagy amíg a teteje megpirul.
h) Lekvárral és tejszínnel tálaljuk.

37.Tök áfonyás pogácsa

ÖSSZETEVŐK:
- 2 csésze sütőkeverék
- 1 evőkanál vaj
- 2 csomag Splenda
- ¾ csésze tökkonzerv, hideg
- 1 tojás, felvert
- 1 evőkanál nehéz tejszín
- ½ csésze friss áfonya, félbevágva

UTASÍTÁS:
a) Melegítsd elő a sütőt 220°C-ra (425°F).
b) Vágja bele a vajat a sütőkeverékbe.
c) Adja hozzá a Splendát (ízlés szerint módosítsa), a sütőtököt, a felvert tojást és a tejszínt a Baking Mix keverékhez. A hozzávalókat jól összedolgozzuk, de ne keverjük túl.
d) Óvatosan beleforgatjuk a félbevágott áfonyát.
e) A tésztából 10 golyót formázunk, és kivajazott tepsire helyezzük. Óvatosan nyomja le mindegyik golyót, simítsa el a külső széleket.
f) Ha szükséges, kenje meg a pogácsa tetejét további kemény krémmel.
g) Az előmelegített sütő középső rácsán 10-15 percig sütjük, vagy amíg a pogácsa aranybarna nem lesz.
h) A meleg pogácsákat vajjal és/vagy tejszínhabbal tálaljuk.

CSOKIS KEKSZ

38.Perec és karamell sütemény

ÖSSZETEVŐK:

- 1 csomag csokitorta keverék (normál méretű)
- 1/2 csésze vaj , olvasztott
- 2 nagy tojás, szobahőmérsékletű
- 1 csésze törött miniatűr perec, osztva
- 1 csésze félédes csokireszelék
- 2 evőkanál sós karamell öntet

UTASÍTÁS:

a) Melegítse elő a sütőt 350°-ra. Keverjük össze sütemény mix olvasztott vaj és a tojás; turmixolásig verjük. Keverje hozzá 1/2 csésze perecet, csokoládédarabkákat és karamell öntetet.

b) Csepegtess 2 hüvelykes távolságra lekerekített evőkanálnyit a zsírozott tepsire. Egy pohár aljával kissé lapítsuk le; nyomd rá a maradék perecet mindegyik tetejére. 8-10 percig sütjük, vagy amíg meg nem áll.

c) Hűtsük le a serpenyőkön 2 percig. Távolítsa el a rácsokra, hogy teljesen kihűljön.

39. Granola és csokis keksz

ÖSSZETEVŐK:

- 1 18,25 uncia csokitorta keverék
- ¾ csésze vaj , lágyított
- ½ csésze csomagolt barna cukor
- 2 tojás
- 1 csésze granola
- 1 csésze fehér csokoládé chips
- 1 csésze szárított cseresznye

UTASÍTÁS:

a) Melegítse elő a sütőt 375 °F-ra.

b) Egy nagy tálban keverjük össze a tortakeveréket, a vajat , a barna cukrot és a tojásokat, és addig verjük, amíg tésztát nem kapunk.

c) Keverje hozzá a granolát és a fehér csokoládédarabkákat. Csökkentse teáskanálnyi mennyiséget körülbelül 2 hüvelyk távolságra egymástól zsírtalan sütilapokra.

d) Süssük 10-12 percig, vagy amíg a sütemények széle enyhén aranybarna nem lesz.

e) Cookielapokon hűtsük 3 percig, majd távolítsuk el a rácsra .

40.Biscoff csokis keksz

ÖSSZETEVŐK:

- 1 csésze sózatlan vaj, lágyított
- 1 csésze kristálycukor
- 1 csésze barna cukor
- 2 nagy tojás
- 1 teáskanál vanília kivonat
- 3 csésze univerzális liszt
- 1 teáskanál szódabikarbóna
- ½ teáskanál só
- 1 csésze Biscoff kenhető
- 1 ½ csésze csokireszelék

UTASÍTÁS:

a) Melegítsd elő a sütőt 175°C-ra, és bélelj ki egy tepsit sütőpapírral.
b) Egy nagy tálban habosra keverjük a puha vajat, a kristálycukrot és a barna cukrot.
c) Egyenként beleütjük a tojásokat, majd a vaníliakivonatot.
d) Egy külön tálban keverjük össze a lisztet, a szódabikarbónát és a sót.
e) Fokozatosan adjuk hozzá a száraz hozzávalókat a vajas keverékhez, addig keverjük, amíg össze nem áll.
f) Keverje hozzá a Biscoff-krémet, amíg teljesen be nem épül.
g) Belekeverjük a csokireszeléket.
h) Csepegtessünk legömbölyített evőkanál tésztát az előkészített tepsire, körülbelül 2 hüvelyk távolságra egymástól.
i) 10-12 percig sütjük, vagy amíg a szélei aranybarnák nem lesznek.
j) Vegye ki a sütőből, és hagyja hűlni a sütiket néhány percig a tepsiben, mielőtt rácsra helyezi, hogy teljesen kihűljön.

41. Fekete-erdői sütik

ÖSSZETEVŐK:

- 2 ¼ csésze univerzális liszt
- ½ csésze holland kakaópor
- ½ teáskanál Sütőpor
- ½ teáskanál szódabikarbóna
- 1 teáskanál Só
- 1 csésze sózatlan vaj megolvasztjuk és kihűtjük
- ¾ csésze barna cukor világos vagy sötét csomagolásban
- ¾ csésze fehér kristálycukor
- 1 teáskanál tiszta vanília kivonat
- 2 nagy tojás szobahőmérsékleten
- 1 csésze fehér csokoládé chips
- ½ csésze félédes csokoládé chips
- 1 csésze friss cseresznye Megmosva, kimagozva és negyedekre vágva

UTASÍTÁS:

a) Olvasszuk fel a vajat a mikrohullámú sütőben, és hagyjuk hűlni 10-15 percig, amíg szobahőmérsékletű nem lesz. Előkészítjük a meggyet, és apró negyedekre vágjuk.

b) 1 csésze sótlan vaj, 1 csésze friss cseresznye

c) Melegítse elő a sütőt 350 °F-ra. Két tepsit kibélelünk sütőpapírral. Félretesz, mellőz.

d) Egy közepes tálban keverjük össze a lisztet, a kakaóport, a sütőport, a szódabikarbónát és a sót. Félretesz, mellőz.

e) 2 ¼ csésze univerzális liszt, ½ csésze cukrozatlan kakaópor, ½ teáskanál Sütőpor, ½ teáskanál szódabikarbóna, 1 teáskanál só

f) Egy nagy tálban hozzáadjuk az olvasztott vajat, a barna cukrot, a cukrot, a vaníliát és a tojásokat. Gumi spatulával keverje simára.

g) 1 csésze sózatlan vaj, ¾ csésze barna cukor, ¾ csésze fehér kristálycukor, 1 teáskanál tiszta vanília kivonat, 2 nagy tojás

h) Adjuk hozzá a száraz hozzávalókat, és keverjük össze. Puha tészta lesz. Adjuk hozzá a fehér csokoládédarabkákat, a csokoládédarabkákat és a friss cseresznyét.

i) 1 csésze fehér csokoládé chips, ½ csésze félédes csokoládé chips, 1 csésze friss cseresznye

j) Használjon nagy süteménykanalat (3 uncia süteménykanál) a tészta kikanalazásához. Tegyünk 6 tésztagolyót sütilapra.

k) Egyszerre süssünk egy sütilapot. 13-15 percig sütjük. Amíg meleg, tegyük a tetejére extra csokoládé- és fehércsokireszeléket.

l) Hagyja a sütit a forró serpenyőn 10 percig állni. Ezután tegyük át egy hűtőrácsra hűlni.

42. Csokoládé szarvasgombás sütik

ÖSSZETEVŐK:

- 8 evőkanál (1 rúd) sótlan vaj
- 8 uncia étcsokoládé (64% kakaó vagy magasabb), durvára vágva
- ½ csésze fehérítetlen univerzális liszt vagy gluténmentes liszt
- 2 evőkanál holland feldolgozott kakaópor (99% kakaó)
- ¼ teáskanál finom tengeri só
- ¼ teáskanál szódabikarbóna
- 2 nagy tojás, szobahőmérsékleten
- ½ csésze cukor
- 2 teáskanál vanília kivonat
- 1 csésze étcsokoládé chips (64% kakaó vagy magasabb)

UTASÍTÁS:
a) A vajat és az étcsokoládét dupla bojlerben, lassú tűzön, időnként megkeverve olvasszuk fel, amíg teljesen felolvad. Hűtsük le teljesen.
b) Egy kis tálban összekeverjük a lisztet, a kakaóport, a sót és a szódabikarbónát. Félretesz, mellőz.
c) Elektromos keverővel verje fel a tojást és a cukrot egy nagy tálban nagy sebességgel, amíg könnyű és habos nem lesz, körülbelül 2 perc alatt. Adjuk hozzá a vaníliát, majd adjuk hozzá az olvasztott csokoládét és a vajat, és keverjük 1-2 percig, amíg össze nem áll.
d) Kaparja le az edény oldalát, és egy nagy gumilapát segítségével keverje hozzá a száraz hozzávalókat, amíg el nem keveredik. Belekeverjük a csokireszeléket. Fedjük le műanyag fóliával, és tegyük hűtőbe legalább 4 órára.
e) Helyezzen egy rácsot a sütő közepére, és melegítse elő a sütőt 325 ° F-ra. Egy tepsit kibélelünk sütőpapírral.
f) Nedvesítse meg a kezét vízzel, és görgessen a tésztából 2 hüvelykes golyókat, és helyezze őket egymástól körülbelül 2 hüvelyk távolságra a bélelt tepsire. Dolgozzon gyorsan, és ha adagokban süti a sütiket, a körök között hűtse le a maradék tésztát.
g) Süssük 12-13 percig, amíg a szélei kissé megemelkednek, és a közepe nagyrészt megsül. Vegyük ki a sütőből és hagyjuk a tepsiben hűlni legalább 10 percig, majd tegyük rácsra és hagyjuk teljesen kihűlni.

FAGYISZENDVICSEK ÖSSZEÁLLÍTÁSÁHOZ
h) Tegye a sütiket egy tepsire, és 1 órára fagyasztja le. 1 liter fagylaltot kanalazhatóvá puhítunk. Szeretem egyszerűvé tenni, és édes krémes fagylaltot használok , de bármilyen ízt használhatsz.
i) Vegye ki a sütiket a fagyasztóból, és gyorsan dolgozzon, kanalazzon 2-4 uncia fagylaltot egy sütire. A fagylaltot simára simítjuk úgy, hogy egy másik sütit teszünk a tetejére. Ismétlés.
j) Ha végzett az összes szendvics összeállításával, tegye vissza őket a fagyasztóba legalább 2 órára, hogy megkeményedjenek.

43.Dupla csokis szendvicsek

ÖSSZETEVŐK:

- 1 csésze fehérítetlen univerzális liszt
- 1/2 csésze cukrozatlan sütőkakaó, szitálva
- 1/2 teáskanál szódabikarbóna
- 1/4 teáskanál só
- 1/4 csésze tejmentes csokoládé chips, olvasztott
- 1/2 csésze tejmentes margarin, lágyítva
- 1 csésze párolt nádcukor
- 1 teáskanál vanília kivonat

UTASÍTÁS:

a) Melegítse elő a sütőt 325 °F-ra. Két tepsit kibélelünk sütőpapírral.

b) Egy közepes tálban keverjük össze a lisztet, a kakaóport, a szódabikarbónát és a sót. Egy nagy tálban elektromos kézi mixerrel keverjük össze az olvasztott csokoládédarabkákat, a margarint, a cukrot és a vaníliát, amíg jól össze nem keveredik. Adja hozzá a száraz hozzávalókat a nedveshez adagonként, amíg teljesen be nem épül.

c) Körülbelül egy nagy márvány nagyságú (nagyjából 2 teáskanálnyi) kis tésztagolyókat szedjünk az előkészített tepsikre, egymástól körülbelül 2 hüvelyk távolságra. Enyhén kenje meg egy evőkanál hátát, és finoman és egyenletesen nyomja le az egyes sütiket, amíg el nem laposodik és körülbelül 1-1/2 hüvelyk széles. 12 percig sütjük, vagy amíg a szélei meg nem puhulnak. Ha mindkét lapot egyszerre sütjük, félúton forgassuk meg a lapokat.

d) A sütőből kivéve hagyjuk a tepsiben hűlni 5 percig a sütiket, majd tegyük rácsra. Hagyjuk teljesen kihűlni a sütiket. Tárolja légmentesen záródó edényben

44.Csokis keksz

ÖSSZETEVŐK:

- 2 ¼ csésze Bisquick mix
- ½ csésze kristálycukor
- ½ csésze barna cukor, csomagolva
- ½ csésze sózatlan vaj, lágyított
- 1 teáskanál vanília kivonat
- 1 tojás
- 1 csésze csokoládé chips

UTASÍTÁS:

a) Melegítsük elő a sütőt 190 °C-ra (375 °F).
b) Egy keverőtálban keverje össze a Bisquick mixet, a kristálycukrot, a barna cukrot, a lágy vajat, a vaníliakivonatot és a tojást. Keverjük jól össze.
c) Belekeverjük a csokireszeléket.
d) Csepegtess gömbölyű teáskanálnyi tésztát egy kiolajozott tepsire.
e) Süssük 8-10 percig, vagy amíg a sütemények széle enyhén aranybarna nem lesz.
f) Hagyja néhány percig hűlni a csokis kekszeket a tepsiben, majd tegye rácsra, hogy teljesen kihűljön.
g) Tálald a sütiket és élvezd!

45.Sütés nélküli Matcha fehér csokoládé süti

ÖSSZETEVŐK:
- 2 csésze hengerelt zab
- 1 csésze fehér csokoládé chips
- ½ csésze mandulavaj
- ¼ csésze méz
- 1 evőkanál matcha por
- 1 teáskanál vanília kivonat

UTASÍTÁS:

a) Egy nagy keverőtálban keverje össze a hengerelt zabot és a matcha port.

b) Egy mikrohullámú sütőben használható tálban olvasszuk fel a fehér csokoládédarabkákat a mikrohullámú sütőben, 30 másodpercenként keverjük simára.

c) Adjuk hozzá a mandula vajat, a mézet és a vanília kivonatot az olvasztott fehér csokoládéhoz, és keverjük jól össze.

d) Öntsük a nedves keveréket a zabra és a matchára, és addig keverjük, amíg az összes hozzávaló egyenletesen el nem kerül.

e) A masszából kanálokat csepegtessünk egy bélelt tepsire, és kissé elsimítjuk.

f) Hűtőbe tesszük körülbelül 1 órára, vagy amíg meg nem áll.

46.Cadbury és mogyorós süti

ÖSSZETEVŐK:

- 150 g sótlan vaj, lágyított
- 150 g porcukor
- 1 nagy tojás
- 1 tk vanília kivonat
- 225 g magától kelő liszt
- ½ teáskanál sütőpor
- ¼ teáskanál só
- 100 g Cadbury csokoládé chips
- 50 g darált mogyoró

UTASÍTÁS:

a) Melegítsük elő a sütőt 180C/160C ventilátor/gáz 4.
b) Egy tepsit kibélelünk sütőpapírral.
c) Egy nagy keverőtálban a lágy vajat és a porcukrot habosra és krémesre keverjük.
d) Belekeverjük a tojást és a vaníliakivonatot.
e) Szitáljuk bele a magától kelő lisztet, a sütőport és a sót, és keverjük össze.
f) Keverje hozzá a Cadbury csokireszeléket és az apróra vágott mogyorót.
g) Forgassa a keveréket kis golyókká, és helyezze őket az előkészített tepsire, egymástól jó távolságra.
h) Süssük 12-15 percig, vagy amíg enyhén aranybarna nem lesz, és éppen megdermed.
i) Hagyja hűlni a sütőlapon 5 percig, mielőtt rácsra helyezi, hogy teljesen kihűljön.

47.Cake mix cookie-kat

ÖSSZETEVŐK:

- 1 csomag Német csokitorta keverék; pudingot tartalmaz
- 1 csésze Félédes csokoládé chips
- ½ csésze Hengerelt zab
- ½ csésze Mazsolák
- ½ csésze Olivaolaj
- 2 Tojás; kissé megverve

UTASÍTÁS:

a) Melegítse elő a sütőt 350 fokra.

b) Egy nagy tálban keverje össze az összes összetevőt; jól keverjük össze. Dobja le a tésztát gömbölyű teáskanálnyi távolságra egymástól két hüvelyknyi távolságra zsírozatlan sütilapokra.

c) Süssük 350 fokon 8-10 percig, vagy amíg meg nem áll. 1 percig hűteni; távolítsa el a sütilapokról.

48.Német sütik

ÖSSZETEVŐK:

- 1 db 18,25 unciás doboz német csokitorta keverék
- 1 csésze félédes csokireszelék
- 1 csésze zabpehely
- ½ csésze olívaolaj
- 2 tojás, enyhén felverve
- ½ csésze mazsola
- 1 teáskanál vanília

UTASÍTÁS:

a) Melegítse elő a sütőt 350 °F-ra.

b) Keverje össze az összes összetevőt. Alacsony sebességre állított elektromos keverővel jól összekeverjük. Ha lisztes morzsa keletkezik, adjunk hozzá egy csepp vizet.

c) Csepegtesse a tésztát kanálonként egy kiolajozott tepsire.

d) 10 percig sütjük.

e) Hűtsük le teljesen, mielőtt leemeljük a sütiket a lapról és egy tálra tesszük.

49.Cseresznyés sütik

ÖSSZETEVŐK:
- 2 ¼ csésze univerzális liszt
- ½ csésze holland kakaópor
- ½ teáskanál Sütőpor
- ½ teáskanál szódabikarbóna
- 1 teáskanál Só
- 1 csésze sózatlan vaj megolvasztjuk és kihűtjük
- ¾ csésze barna cukor világos vagy sötét csomagolásban
- ¾ csésze fehér kristálycukor
- 1 teáskanál tiszta vanília kivonat
- 2 nagy tojás szobahőmérsékleten
- 1 csésze fehér csokoládé chips
- ½ csésze félédes csokoládé chips
- 1 csésze friss cseresznye Megmosva, kimagozva és negyedekre vágva

UTASÍTÁS:
m) Olvasszuk fel a vajat a mikrohullámú sütőben, és hagyjuk hűlni 10-15 percig, amíg szobahőmérsékletű nem lesz. Előkészítjük a meggyet, és apró negyedekre vágjuk.

n) 1 csésze sótlan vaj, 1 csésze friss cseresznye

o) Melegítse elő a sütőt 350 °F-ra. Két tepsit kibélelünk sütőpapírral. Félretesz, mellőz.

p) Egy közepes tálban keverjük össze a lisztet, a kakaóport, a sütőport, a szódabikarbónát és a sót. Félretesz, mellőz.

q) 2 ¼ csésze univerzális liszt, ½ csésze cukrozatlan kakaópor, ½ teáskanál Sütőpor, ½ teáskanál szódabikarbóna, 1 teáskanál só

r) Egy nagy tálban hozzáadjuk az olvasztott vajat, a barna cukrot, a cukrot, a vaníliát és a tojásokat. Gumi spatulával keverje simára.

50.Speculoos

ÖSSZETEVŐK:
- 2 csésze univerzális liszt
- ½ csésze sózatlan vaj, lágyított
- ¾ csésze barna cukor
- 1 teáskanál őrölt fahéj
- ½ teáskanál őrölt szerecsendió
- ½ teáskanál őrölt gyömbér
- ¼ teáskanál őrölt szegfűszeg
- ¼ teáskanál őrölt kardamom
- ¼ teáskanál só
- 1 nagy tojás

UTASÍTÁS:
a) Egy keverőtálban keverjük össze a lisztet, az őrölt fahéjat, szerecsendiót, gyömbért, szegfűszeget, kardamomot és sót. Félretesz, mellőz.
b) Egy külön tálban habosra keverjük a puha vajat és a barna cukrot.
c) A tojást jól összekeverjük.
d) Fokozatosan adjuk hozzá a száraz hozzávalók keverékét a vajas keverékhez.
e) Addig keverjük, amíg a tészta összeáll.
f) Ha a tészta túl száraznak tűnik, egy evőkanál tejet adhatunk hozzá, hogy segítsen megkötni.
g) A tésztából korongot formázunk és műanyag fóliába csomagoljuk. A tésztát legalább 1 órára hűtőbe tesszük, vagy amíg meg nem szilárdul.
h) Melegítsd elő a sütőt 175°C-ra (350°F). Egy tepsit kibélelünk sütőpapírral.
i) Enyhén lisztezett felületen nyújtsuk ki a kihűlt tésztát körülbelül ¼ hüvelyk vastagságúra.
j) Pogácsaszaggatóval vágjuk ki a tésztából a kívánt formákat. Hagyományosan a Speculoos sütemények szélmalmok alakúak, de bármilyen formát használhatsz.
k) Helyezze a kivágott sütiket az előkészített tepsire, hagyjon helyet az egyes sütemények között.
l) Előmelegített sütőben kb 10-12 percig sütjük a sütiket, vagy amíg a széle körül enyhén aranybarna nem lesz.

m) A sütiket kivesszük a sütőből és rácson hagyjuk kihűlni.
n) Ha teljesen kihűlt, a Speculoos süti készen áll a fogyasztásra. Légmentesen záródó edényben több napig is eltarthatók.
o) 1 csésze sózatlan vaj, ¾ csésze barna cukor, ¾ csésze fehér kristálycukor, 1 teáskanál tiszta vanília kivonat, 2 nagy tojás
p) Adjuk hozzá a száraz hozzávalókat, és keverjük össze. Puha tészta lesz. Adjuk hozzá a fehér csokoládédarabkákat, a csokoládédarabkákat és a friss cseresznyét.
q) 1 csésze fehér csokoládé chips, ½ csésze félédes csokoládé chips, 1 csésze friss cseresznye
r) A tészta kikanalazásához használjon egy nagy süteménykanalat (3 uncia süteménykanalat). Tegyünk 6 tésztagolyót sütilapra.
s) Egyszerre süssünk egy sütilapot. 13-15 percig sütjük. Amíg meleg, tegyük a tetejére extra csokoládé- és fehércsokireszeléket.
t) Hagyja a sütit a forró serpenyőn 10 percig állni. Ezután tegyük át egy hűtőrácsra hűlni.

51.Kukoricapehely csokis keksz

ÖSSZETEVŐK:
- 1 csésze sózatlan vaj, lágyított
- 1 csésze kristálycukor
- 1 csésze csomagolt barna cukor
- 2 nagy tojás
- 1 teáskanál vanília kivonat
- 2 csésze univerzális liszt
- 1 teáskanál szódabikarbóna
- ½ teáskanál só
- 2 csésze csokireszelék
- 2 csésze zúzott kukoricapehely

UTASÍTÁS:
a) Melegítsd elő a sütőt 175°C-ra (350°F). A tepsit kibéleljük sütőpapírral.
b) Egy nagy keverőtálban keverjük össze a puha vajat, a kristálycukrot és a barna cukrot, amíg világos és habos nem lesz.
c) Egyenként adjuk hozzá a tojásokat, minden hozzáadás után jól felverjük. Belekeverjük a vaníliakivonatot.
d) Egy külön tálban keverjük össze a lisztet, a szódabikarbónát és a sót. Fokozatosan adjuk hozzá a száraz hozzávalókat a nedves hozzávalókhoz, és addig keverjük, amíg össze nem áll.
e) Belekeverjük a csokireszeléket és a zúzott kukoricapelyhet.
f) Az elkészített tepsire gömbölyített evőkanál tésztát csepegtetünk, egymástól térközzel.
g) Süssük 10-12 percig, vagy amíg aranybarna nem lesz a szélein.
h) Hagyja néhány percig hűlni a sütiket a tepsiben, mielőtt rácsra helyezi őket, hogy teljesen kihűljenek.

52. Fehér csokoládé cappuccino sütemény

ÖSSZETEVŐK:
- 1 csésze sózatlan vaj, lágyított
- 1 csésze kristálycukor
- 2 nagy tojás
- 2 teáskanál instant kávé granulátum
- 2 teáskanál vanília kivonat
- 2 ½ csésze univerzális liszt
- ½ csésze kakaópor
- 1 teáskanál szódabikarbóna
- ½ teáskanál só
- 1 csésze fehér csokoládé chips

UTASÍTÁS:
a) Melegítsd elő a sütőt 175°C-ra, és bélelj ki egy tepsit sütőpapírral.
b) Egy nagy keverőtálban keverjük össze a puha vajat és a kristálycukrot, amíg könnyű és puha nem lesz.
c) Egyenként adjuk hozzá a tojásokat, minden hozzáadás után jól keverjük össze.
d) Oldja fel az instant kávé granulátumot kis mennyiségű forró vízben. Adja hozzá ezt a kávékeveréket és a vanília kivonatot a nedves összetevőkhöz. Keverjük jól össze.
e) Egy külön tálban keverjük össze a lisztet, a kakaóport, a szódabikarbónát és a sót.
f) A száraz hozzávalókat fokozatosan hozzáadjuk a nedves hozzávalókhoz, addig keverjük, amíg tészta nem lesz.
g) Keverje hozzá a fehér csokoládédarabkákat, amíg egyenletesen el nem oszlik a tésztában.
h) Egy kanállal vagy süteménykanállal csorgassunk legömbölyített evőkanál tésztát az előkészített tepsire úgy, hogy körülbelül 2 hüvelyk távolságra legyenek egymástól.
i) Egy kanál hátával vagy az ujjaival lapítson el kissé minden sütit.
j) Előmelegített sütőben 10-12 percig sütjük, vagy amíg a szélei megpuhulnak és a közepe még kissé megpuhul. Vigyázz, ne süsd túl.
k) Vegye ki a sütiket a sütőből, és hagyja hűlni néhány percig a tepsiben, mielőtt rácsra helyezi, hogy teljesen kihűljön.
l) Ha kihűlt, egy csésze kávé vagy cappuccino mellett kóstolhatja meg ezt a finom fehér csokoládé cappuccino sütit!

53.Snickers Bar töltött csokis süti

ÖSSZETEVŐK:
- 2 ½ csésze univerzális liszt
- 1 teáskanál szódabikarbóna
- ½ teáskanál só
- 1 csésze sózatlan vaj, lágyított
- 1 csésze kristálycukor
- 1 csésze csomagolt barna cukor
- 2 nagy tojás
- 1 teáskanál vanília kivonat
- 1 ½ csésze csokireszelék
- 1 csésze apróra vágott Snickers rúd

UTASÍTÁS:
a) Melegítsd elő a sütőt 190°C-ra, és bélelj ki egy tepsit sütőpapírral.
b) Egy tálban keverjük össze a lisztet, a szódabikarbónát és a sót.
c) Egy külön tálban habosra keverjük a puha vajat, a kristálycukrot és a barna cukrot.
d) A tojást és a vaníliakivonatot jól összekeverjük.
e) Fokozatosan adjuk hozzá a száraz hozzávalókat a nedves hozzávalókhoz, és addig keverjük, amíg össze nem áll.
f) Hajtsa bele a csokoládédarabkákat és az apróra vágott Snickers-szeleteket.
g) Vegyünk körülbelül 2 evőkanál tésztát, és lapítsuk el a kezünkben. Helyezzen egy kis darab Snickers rudat a közepére, és hajtsa köré a tésztát, hogy golyót formázzon.
h) Helyezze a tésztagolyókat az előkészített tepsire, egymástól térközzel.
i) Süssük 10-12 percig, vagy amíg aranybarna nem lesz a szélein.
j) Néhány percig hagyjuk hűlni a sütiket a tepsiben, majd tegyük rácsra, hogy teljesen kihűljenek.

BROWNIES

54. Banán Caramel diós Brownies

ÖSSZETEVŐK:

- 1 csésze sótlan vaj
- 2 csésze kristálycukor
- 4 nagy tojás
- 1 teáskanál vanília kivonat
- 1 csésze univerzális liszt
- ½ csésze cukrozatlan kakaópor
- ¼ teáskanál só
- 1 csésze pépesített érett banán (kb. 2 közepes banán)
- 1 csésze darált dió
- 1 csésze félédes csokireszelék

UTASÍTÁS:

a) Melegítse elő a sütőt 350 °F-ra, és zsírozzon ki egy 9x13 hüvelykes tepsit.
b) Egy mikrohullámú sütőben használható edényben olvasszuk fel a vajat. Adjuk hozzá a cukrot és keverjük jól össze.
c) A tojást és a vaníliakivonatot addig keverjük, amíg sima nem lesz.
d) Egy külön tálban keverjük össze a lisztet, a kakaóport és a sót. Fokozatosan adjuk hozzá ezt a száraz keveréket a nedves keverékhez, addig keverjük, amíg össze nem áll.
e) Belekeverjük a pépesített banánt, a darált diót és a csokireszeléket.
f) A masszát az előkészített tepsibe öntjük és egyenletesen elosztjuk.
g) Süssük körülbelül 25-30 percig, vagy amíg a közepébe szúrt fogpiszkálóból néhány nedves morzsa ki nem jön.
h) Hagyja teljesen kihűlni a brownie-kat, mielőtt négyzetekre vágja őket.

55. Keserédes Caramel Brownies

ÖSSZETEVŐK:

- 1 csésze sótlan vaj
- 8 uncia keserű csokoládé, apróra vágva
- 1 ¾ csésze kristálycukor
- 4 nagy tojás
- 2 teáskanál vanília kivonat
- 1 csésze univerzális liszt
- ¼ csésze cukrozatlan kakaópor
- ¼ teáskanál só
- 1 csésze félédes csokireszelék

UTASÍTÁS:

a) Melegítse elő a sütőt 350 °F-ra, és zsírozzon ki egy 9x13 hüvelykes tepsit.
b) Egy mikrohullámú sütőben használható tálban olvasszuk fel a vajat és a keserű csokoládét, keverjük simára.
c) Keverje hozzá a cukrot, amíg jól össze nem áll.
d) Egyenként verjük bele a tojásokat, amíg sima nem lesz. Belekeverjük a vaníliakivonatot.
e) Egy külön tálban keverjük össze a lisztet, a kakaóport és a sót. Fokozatosan adjuk hozzá ezt a száraz keveréket a nedves keverékhez, addig keverjük, amíg össze nem áll.
f) Belekeverjük a félédes csokireszeléket.
g) A masszát az előkészített tepsibe öntjük és egyenletesen elosztjuk.
h) Süssük körülbelül 25-30 percig, vagy amíg a közepébe szúrt fogpiszkálóból néhány nedves morzsa ki nem jön.
i) Hagyja teljesen kihűlni a brownie-kat, mielőtt négyzetekre vágja őket.

56.Sós Caramel Fudgy Brownies

ÖSSZETEVŐK:

- 1 csésze sótlan vaj
- 2 csésze kristálycukor
- 4 nagy tojás
- 1 teáskanál vanília kivonat
- ¾ csésze kakaópor
- 1 csésze univerzális liszt
- ½ teáskanál só
- ½ csésze karamell szósz
- Tengeri só, szóráshoz

UTASÍTÁS:

a) Melegítse elő a sütőt 350°F-ra, és zsírozza ki a sütőedényt.
b) Egy mikrohullámú sütőben használható edényben olvasszuk fel a vajat.
c) Egy keverőtálban keverjük össze az olvasztott vajat és a kristálycukrot, amíg jól el nem keveredik.
d) Egyenként beleütjük a tojásokat, majd hozzáadjuk a vaníliakivonatot.
e) Egy külön tálban keverjük össze a kakaóport, a lisztet és a sót.
f) Fokozatosan adjuk hozzá a száraz hozzávalókat a nedves keverékhez, addig keverjük, amíg össze nem áll.
g) A brownie tészta felét az előkészített tepsibe öntjük, és egyenletesen elosztjuk.
h) A karamellszósz felét rákenjük a tésztára.
i) Ráöntjük a maradék brownie-tésztát, és egyenletesen elosztjuk, majd meglocsoljuk a maradék karamellszósszal.
j) Késsel forgasd bele a karamellszószt a tésztába a márványos hatás érdekében.
k) Tetejére szórjunk tengeri sót.
l) 25-30 percig sütjük, vagy amíg a közepébe szúrt fogpiszkálóból néhány nedves morzsa ki nem jön.
m) Hagyja teljesen kihűlni a brownie-kat, mielőtt négyzetekre vágja őket.

57.Csokoládé Caramel diós Brownies

ÖSSZETEVŐK:

- 1 csésze sótlan vaj
- 2 csésze kristálycukor
- 4 nagy tojás
- 1 teáskanál vanília kivonat
- 1 csésze univerzális liszt
- ¾ csésze kakaópor
- ½ teáskanál só
- 1 csésze darált dió

UTASÍTÁS:

a) Melegítse elő a sütőt 350°F-ra, és zsírozza ki a sütőedényt.
b) Egy mikrohullámú sütőben használható edényben olvasszuk fel a vajat.
c) Egy keverőtálban keverjük össze az olvasztott vajat és a kristálycukrot, amíg jól el nem keveredik.
d) Egyenként beleütjük a tojásokat, majd hozzáadjuk a vaníliakivonatot.
e) Egy külön tálban keverjük össze a lisztet, a kakaóport és a sót.
f) Fokozatosan adjuk hozzá a száraz hozzávalókat a nedves keverékhez, addig keverjük, amíg össze nem áll.
g) Belekeverjük a darált diót.
h) A brownie-tésztát az előkészített tepsibe öntjük, és egyenletesen elosztjuk.
i) 25-30 percig sütjük, vagy amíg a közepébe szúrt fogpiszkálóból néhány nedves morzsa ki nem jön.
j) Hagyja teljesen kihűlni a brownie-kat, mielőtt négyzetekre vágja őket.

58. Raspberry Fudge Brownie

ÖSSZETEVŐK:

- 1 csésze sótlan vaj
- 2 csésze kristálycukor
- 4 nagy tojás
- 1 teáskanál vanília kivonat
- ¾ csésze kakaópor
- 1 csésze univerzális liszt
- ½ teáskanál só
- ½ csésze friss málna

UTASÍTÁS:

a) Melegítse elő a sütőt 350°F-ra, és zsírozza ki a sütőedényt.
b) Egy mikrohullámú sütőben használható edényben olvasszuk fel a vajat.
c) Egy keverőtálban keverjük össze az olvasztott vajat és a kristálycukrot, amíg jól el nem keveredik.
d) Egyenként beleütjük a tojásokat, majd hozzáadjuk a vaníliakivonatot.
e) Egy külön tálban keverjük össze a kakaóport, a lisztet és a sót.
f) Fokozatosan adjuk hozzá a száraz hozzávalókat a nedves keverékhez, addig keverjük, amíg össze nem áll.
g) Óvatosan beleforgatjuk a friss málnát.
h) A brownie-tésztát az előkészített tepsibe öntjük, és egyenletesen elosztjuk.
i) 25-30 percig sütjük, vagy amíg a közepébe szúrt fogpiszkálóból néhány nedves morzsa ki nem jön.
j) Hagyja teljesen kihűlni a brownie-kat, mielőtt négyzetekre vágja őket.

59. Espresso Fudge Brownies

ÖSSZETEVŐK:

- 1 csésze sótlan vaj
- 2 csésze kristálycukor
- 4 nagy tojás
- 1 teáskanál vanília kivonat
- ¾ csésze kakaópor
- 1 csésze univerzális liszt
- ½ teáskanál só
- 2 evőkanál instant eszpresszó por

UTASÍTÁS:

a) Melegítse elő a sütőt 350°F-ra, és zsírozza ki a sütőedényt.
b) Egy mikrohullámú sütőben használható edényben olvasszuk fel a vajat.
c) Egy keverőtálban keverjük össze az olvasztott vajat és a kristálycukrot, amíg jól el nem keveredik.
d) Egyenként beleütjük a tojásokat, majd hozzáadjuk a vaníliakivonatot.
e) Egy külön tálban keverje össze a kakaóport, a lisztet, a sót és az instant eszpresszóport.
f) Fokozatosan adjuk hozzá a száraz hozzávalókat a nedves keverékhez, addig keverjük, amíg össze nem áll.
g) A brownie-tésztát az előkészített tepsibe öntjük, és egyenletesen elosztjuk.
h) 25-30 percig sütjük, vagy amíg a közepébe szúrt fogpiszkálóból néhány nedves morzsa ki nem jön.
i) Hagyja teljesen kihűlni a brownie-kat, mielőtt négyzetekre vágja őket.

60. Red Velvet Fudge Brownie

ÖSSZETEVŐK:
- 1 csésze sózatlan vaj, olvasztott
- 2 csésze kristálycukor
- 4 nagy tojás
- 2 teáskanál vanília kivonat
- 2 evőkanál piros ételfesték
- 1 ½ csésze univerzális liszt
- ¼ csésze cukrozatlan kakaópor
- ¼ teáskanál só
- 1 csésze félédes csokireszelék
- ½ csésze apróra vágott dió vagy pekándió (opcionális)

SAJTKRÉMFORGAT:
- 8 uncia krémsajt, lágyítva
- ¼ csésze kristálycukor
- 1 nagy tojás
- ½ teáskanál vanília kivonat

UTASÍTÁS:

a) Melegítse elő a sütőt 350 °F-ra, és zsírozzon ki egy 9x13 hüvelykes tepsit.
b) Egy nagy keverőtálban keverje össze az olvasztott vajat és a kristálycukrot, és keverje jól össze.
c) Egyenként adjuk hozzá a tojásokat, minden hozzáadás után jól keverjük össze. Ezután keverje hozzá a vaníliakivonatot és a vörös ételfestéket, amíg egyenletesen el nem keveredik.
d) Egy külön tálban keverjük össze a lisztet, a kakaóport és a sót. Fokozatosan adjuk hozzá a száraz hozzávalókat a nedves hozzávalókhoz, addig keverjük, amíg össze nem áll. Ügyeljen arra, hogy ne keverje túl.
e) A tésztába beleforgatjuk a csokireszeléket és az apróra vágott diót (ha használunk).
f) Egy kis tálban elkészítjük a krémsajtos örvényt úgy, hogy a lágy krémsajtot, a kristálycukrot, a tojást és a vaníliakivonatot simára keverjük.
g) A brownie tészta körülbelül kétharmadát a kivajazott tepsibe öntjük, és egyenletesen elosztjuk.
h) Cseppentsünk egy kanál krémsajtos örvénykeveréket a brownie tészta tetejére. Késsel vagy fogpiszkálóval óvatosan forgasd bele a krémsajtot a tésztába.
i) A maradék brownie-tésztát ráöntjük a krémsajtos forgatóra, és egyenletesen elosztjuk, hogy ellepje.
j) Előmelegített sütőben körülbelül 30-35 percig sütjük, vagy amíg a közepébe szúrt fogpiszkálóból néhány nedves morzsa ki nem jön. Kerülje a túlsütést, hogy a brownie fakó maradjon.
k) Vegye ki a brownie-kat a sütőből, és hagyja teljesen kihűlni a tepsiben.
l) Ha kihűlt, kockákra vágjuk és tálaljuk.

BAGEL SZENDVICSEK

61.Avokádó Bécsi kifli Szendvics

ÖSSZETEVŐK:

- Krémsajt
- ¼ csésze kókuszkrém
- 2 evőkanál citromlé
- 1 csésze nyers kesudió, beáztatva
- 1 teáskanál hagymapor
- 2 teáskanál fehér ecet
- 3 mogyoróhagyma, apróra vágva
- ¼ teáskanál só
- Bagel szendvics
- 1 növényi alapú bagel
- ⅓ avokádó, meghámozva, kimagozva és pépesítve
- ⅓ közepes uborka meghámozva és felszeletelve
- 2 evőkanál tejmentes mogyoróhagyma krémsajt
- ¼ csésze nyers spenót

UTASÍTÁS:

a) Ha nem áztatta be azonnal a kesudiót, azonnal áztassa be egy fazék forrásban lévő vízbe, kapcsolja le a hőt, és áztassa 30 percig.
b) A kesudiót alaposan megmossuk és lecsepegtetjük.
c) A kesudiót, a kókuszkrémet, a fehér ecetet, a citromlevet, a sót, a hagymaport és a mogyoróhagymát robotgépben összekeverjük.
d) Folytasd legalább 30 másodpercig, majd keverd a keveréket 1-3 percig, vagy amíg sima nem lesz.
e) A bagelt megpirítjuk, és mindkét oldalát megkenjük a tejmentes krémsajttal.
f) Az egyik oldalon rétegezzük az uborkát, majd tegyük rá a pépesített avokádót.
g) Az avokádó tetejére helyezzük a spenótot, majd a bagel másik felét.

62.Füstölt pulyka bagel szendvics

ÖSSZETEVŐK:

- 2 szelet füstölt pulykamell
- 2 szelet paradicsom vagy zöld paprika karikák
- 1 szelet Cheddar sajt
- 1 ízesített bagel
- Vágott viaszpapír

UTASÍTÁS:

a) A bejgli alsó felére pulykamellet, paradicsomot vagy zöldpaprikát, sajtot rétegezzünk.
b) A tetejét bagelre tesszük, a szendvicset kettévágjuk.
c) Helyezze a szendvicsfeleket egy viaszpapír közepére.
d) A becsomagoláshoz illessze össze a viaszpapír két oldalát, és hajtsa le szorosan. Hajtsa be a viaszpapír végeit a szendvics alá.
e) A melegítéshez 30 másodperctől 1 percig tartsa a mikrohullámú sütőt HIGH fokozaton, amíg a szendvics felforrósodik.

63.Reggeli Bagel fűszeres mikrozölddel

ÖSSZETEVŐK:

- Egy friss Bécsi kifli
- A terjedés nak,-nek mikrozöld pesto
- A kevés csemege szeleteket nak,-nek pulyka, sonka, csirke
- A maréknyi fűszeres keverék mikrozöld
- A párosít nak,-nek szeleteket nak,-nek sajt
- A kevés darabok nak,-nek Saláta

EGYÉB FELTÉTELEK:

- Avokádó
- Piros Hagyma
- Paradicsom

UTASÍTÁS:

a) Kap a te bécsi kifli ki, szelet azt ban ben fél, és pirítós azt. Hadd azt menő le.

b) Kap ki a te terjedés nak,-nek választás és hely azt tovább mindkét oldalain nak,-nek a bécsi kifli.

c) Tedd a te vegán csemege hús tovább a alsó.

d) Réteg néhány mikrozöldek.

e) Egyensúly a te vegán sajt tovább tetejére nak,-nek ez.

f) Következő jön mint sokkal saláta mint gravitáció lehetővé tesz.

g) Akkor sapka azt ki val vel a tetejére nak,-nek a bécsi kifli és Élvezd!

64.Gyors bagel omlett szendvics

ÖSSZETEVŐK:

- ¼ csésze finomra vágott hagyma
- 1 evőkanál vaj
- 4 tojás
- ¼ csésze apróra vágott paradicsom
- ⅛ teáskanál só
- ⅛ teáskanál csípős paprika szósz
- 4 szelet Jones kanadai szalonna
- 4 sima bagel, felosztva
- 4 szelet ömlesztett amerikai sajt

UTASÍTÁS:

a) A hagymát egy nagy serpenyőben vajjal puhára pároljuk. Keverje össze a borsszószt, a sót, a paradicsomot és a tojást. Tegye át a tojásos keveréket a serpenyőbe. (A keveréket azonnal meg kell kötni a széleken.)

b) Amíg a tojás megdermedt, hagyja, hogy a főtt rész átfolyjon alatta úgy, hogy a főtt széleket a közepe felé tolja. Addig főzzük, amíg a tojások megpuhulnak. Közben mikrohullámú szalonnát, és ha szükséges, pirítós bejglit.

c) A bagel aljára sajtot rakunk. Az omlettet négyfelé szeleteljük.

d) Szalonnával tálaljuk bagelen.

65.Füstölt lazac mini-bagel rúd

ÖSSZETEVŐK:

- ¼ csésze ⅓ zsírszegény krémsajt, szobahőmérsékleten
- 1 zöldhagyma, vékonyra szeletelve
- 1 evőkanál apróra vágott friss kapor
- 1 teáskanál reszelt citromhéj
- ¼ teáskanál fokhagymapor
- 4 teljes kiőrlésű mini bagel
- 8 uncia füstölt lazac
- ½ csésze vékonyra szeletelt angol uborka
- ½ csésze vékonyra szeletelt vöröshagyma
- 2 szilvás paradicsom, vékonyra szeletelve
- 4 teáskanál kapribogyó, lecsepegtetve és leöblítve

UTASÍTÁS:

a) Egy kis tálban keverjük össze a krémsajtot, a zöldhagymát, a kaprot, a citromhéjat és a fokhagymaport.

b) Helyezze a sajtkeveréket, a bagelt, a lazacot, az uborkát, a hagymát, a paradicsomot és a kapribogyót az ételkészítő edényekbe, és ha szükséges, adjon hozzá citromkarikákat. Ezek a hűtőszekrényben legfeljebb 2 napig elállnak.

66.Fekete Erdő Bécsi kifli

ÖSSZETEVŐK:

- 1 mindent bagel
- 2 evőkanál krémsajt
- ½ csésze kimagozott és apróra vágott sötét cseresznye
- ¼ csésze mini csokoládé chips

UTASÍTÁS:

a) Pirítsd meg a mindent bejglit ízlésed szerint.

b) A bagelre kenjük a krémsajtot, a tetejére pedig apróra vágott cseresznyét és mini csokireszeléket szórunk.

67. Garnélarák tetejű bagel

ÖSSZETEVŐK:

- 2 zöld hagyma
- 4 uncia Lehet apró garnélarák
- ¼ csésze tejföl
- 2 teáskanál citromlé
- ¼ teáskanál Worcestershire szósz
- ¾ csésze aprított cheddar
- 10 mini bagel, osztva és pirítva

UTASÍTÁS:

a) A hagymát felszeleteljük, a szeletelt zöld tetejét meghagyjuk. Keverje össze a garnélarákot, a tejfölt, a fehér hagyma szeleteket, a citromlevet, a Worcestershire-t és a ½ c. sajt.
b) Egy-egy teáskanál garnélarákkeveréket terítsen minden bagel vágott oldalára.
c) A tetejére szórjuk a maradék sajtot. A bageleket enyhén kivajazott tepsibe rendezzük. Fedő nélkül, 400 fokos sütőben 5-10 percig sütjük, vagy amíg át nem melegszik. A tetejére zöldhagymát teszünk.

68.Puffadt rákhús és tojás bagelen

ÖSSZETEVŐK:

- Tapadásmentes főző spray
- ½ teáskanál vaj
- 2½ evőkanál darált zöldhagyma
- 1 evőkanál darált zöld kaliforniai paprika
- 1½ evőkanál darált paradicsom
- 1 doboz rákhús (6 uncia), lecsepegtetve
- 1 bagel
- 1 tojásfehérje
- ½ csésze zsírmentes tojáspótló (2 tojásnak felel meg)
- Só, bors

UTASÍTÁS:

a) Permetezzen be egy kis serpenyőt tapadásmentes főzőpermettel. Hozzáadjuk a vajat és közepes lángon felolvasztjuk.

b) Adjunk hozzá 2 evőkanál zöldhagymát, kaliforniai paprikát és 1 evőkanál paradicsomot, majd pároljuk puhára, 2-3 percig.

c) Adjuk hozzá a rákhúst, és pároljuk, amíg át nem melegszik, körülbelül 1 percig. Vágja félbe a bagelt és kezdje el pirítani.

d) A tojásfehérjét kemény habbá verjük, de ne szárazra. A tojáshelyettesítőt a felvert tojásfehérjébe keverjük addig, amíg el nem keveredik.

e) Ízlés szerint enyhén sózzuk, borsozzuk. Öntsük a tojásos keveréket a rákkeverékre a serpenyőben.

f) Főzzük és keverjük, mint a rántottánál, óvatosan keverjük addig, amíg a tojás megszilárdul.

g) Vegye ki a bagelt a kenyérpirítóból, és kanalazzon tojást a bagel felekre.

h) Megszórjuk a maradék ½ teáskanál apróra vágott paradicsommal és zöldhagymával díszítéshez.

69.Avokádó és Bacon Bagel

ÖSSZETEVŐK:

- 1 sima bagel
- 2 szelet bacon, megfőzve és apróra vágva
- 1 avokádó, pépesítve
- ¼ csésze apróra vágott friss koriander
- 1 evőkanál limelé
- Só és bors, ízlés szerint

UTASÍTÁS:

a) Melegítsük elő a sütőt 350 °F-ra (175 °C).

b) Vágja félbe a bagelt, és mindkét felének közepét vájt ki, vastag szegélyt hagyva a széleken.

c) Egy kis tálban keverje össze a pépesített avokádót, az apróra vágott koriandert, a lime levét, a sót és a borsot, amíg jól össze nem áll.

d) Az avokádó keveréket egyenletesen eloszlatjuk a kivájt bagel felek között.

e) Az apróra vágott szalonnát szórjuk az avokádó tetejére.

f) A megtöltött bagel feleket sütőpapíros tepsire tesszük, és előmelegített sütőben 10-12 percig, vagy amíg át nem sütjük.

DIÓ- ÉS MAGKEVERÉKEK

70. Furikake Chex Mix

ÖSSZETEVŐK:
- 1 doboz Búza Chex
- 1 doboz Corn Chex
- 1 doboz Honeycomb gabonapehely
- 1 zacskó (bármilyen méretű) Fritos
- 1 zacskó (bármilyen méretű) Bugles
- 1 zacskó (bármilyen méretű és alakú) perec
- 1 csésze vaj
- ½ csésze Karo szirup (vagy méz)
- ⅔ csésze cukor
- ⅔ csésze növényi olaj
- 2 evőkanál szójaszósz
- 1 üveg Nori Goma Furikake

UTASÍTÁS:

a) Melegítsük elő a sütőt 250 F-ra.

b) Két nagy serpenyőben ossza el egyenletesen a búza (vagy rizs) Chex, Kukorica Chex, Méhsejt gabonafélék, Bugles, Fritos és Pereceket a két serpenyő között. Félretesz, mellőz.

c) Most készítse el a szirupot. Olvasszuk fel a vajat egy serpenyőben. Miután felolvadt, hozzáadjuk a Karo szirupot (vagy mézet), a cukrot, a növényi olajat és a szójaszószt. Keverjük össze.

d) Öntse a szirupot a chex mix két serpenyőjére, ügyeljen arra, hogy a szirupot egyenlően ossza el a két serpenyő között. Két nagy kanál/spatula segítségével dobja fel a Chex mixet, amíg az összes darabot egyenletesen bevonja a szirup.

e) Ezután öntse bele az egész üveg Nori Goma Furikake-t, a két serpenyő között elosztva. Addig keverjük, amíg a furikake egyenletesen el nem keveredik.

f) 250 F-on 1 órán át sütjük. 15 percenként vegye ki a serpenyőt, hogy megforgatja/keverje, hogy egyenletesen süljön.

g) Kivesszük a sütőből, hagyjuk kihűlni. Ezután osszuk fel zsákokra/konténerekre, és osszuk meg.

71. Pink Lemonade Chex Mix

ÖSSZETEVŐK:
- 9 csésze Rice Chex
- 1 ½ csésze fehér csokoládé chips
- ¼ csésze sótlan vaj
- 4 teáskanál citromhéj
- 2 evőkanál citromlé _
- 2 csepp rózsaszín ételfesték
- 2 csésze porcukor

UTASÍTÁS:
a) Öntsük a gabonaféléket egy nagy tálba, majd tegyük félre.
b) Egy mikrohullámú sütőben használható edényben adjuk hozzá a fehér csokoládédarabkákat, a vajat, a citromhéjat, az ételfestéket és a citromlevet.
c) Olvasszuk fel a mikrohullámú sütőben egy percig, majd keverjük össze.
d) Folytassa az olvasztást további 30 másodpercig, amíg keverés közben teljesen sima nem lesz.
e) Az olvasztott keveréket öntsük a gabonafélékre, és óvatosan keverjük addig, amíg a gabonafélék egyenletesen be nem vonódnak.
f) Tegye át a gabonát egy gallon Ziploc zacskóba.
g) Adjuk hozzá a porcukrot, és rázzuk, rázzuk, rázzuk a pénzgyártót.

72.Barbecue rágcsálnivaló

ÖSSZETEVŐK:

- ½ csésze kukoricaszem
- 1 csésze Cheerios
- 1 csésze kanálnyi reszelt búza
- 1 csésze Corn Chex vagy kukoricakorpa
- 1 csésze perec
- ½ csésze szárazon grillezett földimogyoró
- ½ csésze napraforgómag
- 1 evőkanál vaj vagy margarin
- 1 teáskanál őrölt chili
- 1 teáskanál paprika
- 1 teáskanál őrölt oregánó
- 1 csésze szezámrúd
- 1 evőkanál Worcestershire szósz
- 1 teáskanál Tabasco szósz

UTASÍTÁS:

a) Melegítse elő a grillt 350 fokra.

b) Egy nagy keverőtálban keverje össze a gabonaféléket, a perecet, a mandulát és a magvakat.

c) Egy kis edényben keverje össze a vajat, a Worcestershire-t, a chiliport, az oregánót, a paprikát és a Tabascót.

d) A szószt alaposan keverjük a gabonakeverékhez.

e) Egy serpenyőbe terítjük, és kétszer megkeverve 15 percig sütjük. Hagyjuk kihűlni.

f) Keverjük össze a kukoricaszemekkel és a szezámrúddal, és tálaljuk.

73. Red Velvet Party Mix

ÖSSZETEVŐK:

- 6 csésze csokoládépehely
- ½ csésze csomagolt barna cukor
- ⅓ csésze vaj
- 3 evőkanál kukoricaszirup
- 1 csepp vörös zselés ételfesték
- 1 csésze Food Cake Mix
- ½ csésze Krémes krémsajt cukormáz

UTASÍTÁS:

e) Helyezzen gabonapelyhet egy nagy, mikrohullámú sütőben használható tálba; félretesz, mellőz.

f) Egy közepes, mikrohullámú sütőben süthető barna cukrot, vajat, kukoricaszirupot, ételfestéket és süteménykeveréket a magas fokozaton fedő nélkül sütjük.

g) Azonnal öntsük a gabonafélékre; addig dobjuk, amíg jó bevonat nem lesz.

h) Viaszpapírra kenjük. 5 percig hűtjük.

i) Egy kis mikrohullámú sütőben tegyünk cukormázt; mikrohullámú sütő fedetlen magas fokozaton 20 másodpercig.

j) Csepegtesse a gabonakeverékre. Tárolja lazán letakarva.

74. Asian Fusion Party Mix

ÖSSZETEVŐK:
- 6 csésze pattogatott kukorica
- 2 csésze falatnyi ropogós Konjac rizs reggelizőpelyhek négyzetek
- 1 csésze sózatlan pörkölt kesudió vagy földimogyoró
- 1 csésze kis perec
- 1 csésze wasabi borsó
- $1/4$ csésze vegán margarin
- 1 evőkanál szójaszósz
- 1/2 teáskanál fokhagymás só
- 1/2 teáskanál fűszerezett só

UTASÍTÁS:
a) Melegítsük elő a sütőt 250°F-ra. Egy 9 x 13 hüvelykes tepsiben keverje össze a pattogatott kukoricát, a gabonát, a kesudiót, a perecet és a borsót.

b) Egy kis serpenyőben keverjük össze a margarint, a szójaszószt, a fokhagymás sót és a fűszeres sót. Közepes lángon kevergetve főzzük, amíg a margarin elolvad, körülbelül 2 percig. Öntsük rá a pattogatott kukorica keveréket, keverjük jól elkeverjük. 45 percig sütjük, időnként megkeverve. Tálalás előtt teljesen lehűtjük.

75.Chex sáros haverok

ÖSSZETEVŐK:

- 9 csésze Chex márkájú gabonapehely
- 1 csésze Félédes csokoládé chips
- ½ csésze REESE földimogyoróvaj
- ¼ csésze margarin vagy vaj
- 1 teáskanál vanília kivonat
- 1½ csésze porcukor

UTASÍTÁS:

a) Öntsön gabonaféléket egy nagy tálba; félretesz, mellőz.

b) Egy 1 literes, mikrohullámú sütőben használható tálban keverje össze a HERSHEY'S csokoládéchipset, a REESE földimogyoróvajat és a margarint. Mikrohullámú sütőben HIGH fokozaton 1-1,5 percig, vagy amíg sima nem lesz, 1 perc múlva keverje meg

c) Keverjük hozzá a vaníliát.

d) Öntse a csokoládékeveréket a gabonafélékre, és addig keverje, amíg minden darab egyenletesen bevonat nem lesz.

e) Öntse a gabonapehely keveréket egy nagy GLAD-LOCK visszazárható műanyag zacskóba C&H porcukorral.

f) Biztonságosan zárja le, és rázza, amíg minden darab jól be nem vonódik.

g) Viaszpapírra kenjük kihűlni.

76.Red Velvet Puppy Chow

ÖSSZETEVŐK:
- 15,25 uncia vörös bársonyos tortakeverék
- 1 csésze porcukor
- 12 uncia fehér csokoládé
- 8 uncia félédes csokoládé
- 2 evőkanál tejszín, szobahőmérséklet
- 12 uncia Chex gabonapehely
- 10 uncia M&M's
- ⅛ csésze színű fröccsök

UTASÍTÁS:
a) Melegítse elő a sütőt 350 °F-ra.
b) A vörös bársonyos tortakeveréket sütőpapírral bélelt tepsire terítjük.
c) Sütőben 5-8 percig sütjük.
A sütőből kivéve hagyjuk kihűlni.
d) A tortakeveréket és a porcukrot egy visszazárható zacskóba tesszük, és jól összerázzuk. Tedd az egyik oldalra.
e) Egy tálban törjük fel a csokoládét, majd a mikróban 30 másodperces lépésekben, közben kevergetve melegítsük addig, amíg a csokoládé teljesen felolvad.
f) Keverjük hozzá a tejszínt.
g) Adja hozzá a Chex gabonapelyhet egy másik nagy keverőtálba, és öntse a csokoládé tetejére.
h) Óvatosan keverje össze a gabonapelyheket a csokoládéval, amíg egyenletes bevonat nem lesz, majd adagokban dolgozva a csokoládéval bevont gabonát a tortakeverékkel és a cukorral együtt a zacskóba tesszük, és teljesen bevonatig rázzuk.
i) Sütőpapírral bélelt tepsire szedjük a gabonadarabokat.
j) Ismételje meg a maradék gabonával, majd hagyja a darabokat körülbelül egy órán át száradni.
k) Keverjük össze az M&M-ekkel és a szórással, és tegyük egy tálba tálaláshoz.

77. Fűszeres BBQ Party Mix

ÖSSZETEVŐK:

- 3 csésze kukorica Chex gabonapehely
- 3 csésze rizs Chex gabonapehely
- 1 csésze perec rúd
- 1 csésze mézzel pörkölt földimogyoró
- 2 evőkanál Worcestershire szósz
- 2 evőkanál forró szósz
- 1 evőkanál füstölt paprika
- 1 evőkanál fokhagyma por
- 1 evőkanál hagymapor
- ½ csésze BBQ szósz

UTASÍTÁS:

a) Melegítsük elő a sütőt 250°F-ra (120°C).

b) Egy nagy tálban keverjük össze a gabonaféléket, a perecet és a földimogyorót.

c) Egy külön tálban keverje össze a Worcestershire szószt, a csípős szószt, a füstölt paprikát, a fokhagymaport, a hagymaport és a BBQ szószt.

d) Öntsük a szósz keveréket a gabonakeverékre, és keverjük addig, amíg minden egyenletesen bevonat nem lesz.

e) A masszát egy tepsire terítjük, és 15 percenként megkeverve 1 órán át sütjük.

f) Tálalás előtt hagyjuk kihűlni.

FÁNK

78.Tira misu fánk

ÖSSZETEVŐK:
AZ ÉLesztŐS FÁNKHOZ
- ½ csésze meleg víz
- 2 és ¼ teáskanál aktív száraz élesztő
- ½ csésze meleg író
- 1 nagy tojás, felvert
- ¼ csésze olvasztott vaj
- ¼ csésze cukor
- ½ teáskanál só
- 3 csésze univerzális liszt, plusz a dagasztáshoz

A KÁVÉKRÉM TÖLTETÉSÉHEZ
- ¾ csésze tejszínhab, hideg
- ½ csésze porcukor
- 1 teáskanál vanília
- ¾ csésze mascarpone sajt
- 2 evőkanál főzött kávé, hideg

A FEHÉRCSOKOLÁDÉMÁZHOZ
- 150 gramm fehér csokoládé
- 4 evőkanál tejszínhab
- kakaópor a fánkok tetejének behintéséhez

UTASÍTÁS:
a) Egy keverőtálba öntsük a meleg vizet. Szórjuk bele az élesztőt és körülbelül 1 teáskanál cukrot. Hagyja állni ezt a keveréket 5-7 percig, vagy amíg habos nem lesz. Adjuk hozzá az írót, a tojást, az olvasztott vajat, a maradék cukrot és a sót. Az egészet fakanállal addig keverjük, amíg minden el nem keveredik.

b) Adjunk hozzá 3 csésze lisztet, egyenként, és keverjük addig, amíg a keverék bozontos masszává nem kezd. Addig keverjük, amíg laza tészta nem lesz a közepén.

c) Egy tiszta munkafelületet szórjunk meg liszttel. Fordítsa meg a tésztát, és dagasszon addig, amíg a tészta sima és rugalmas nem lesz, szükség szerint szórja meg a kezét és a táblát liszttel. Ennek teszteléséhez vegyen ki egy kis adag tésztát a kezébe, és nyújtsa ki az ujjaival négyzet alakúvá. A tésztának áttetsző filmet kell képeznie a közepén. Ezt Window Pane tesztnek is nevezik. A kigyúrt tésztából golyót formálunk . Tedd egy tálba, és fedd le tiszta törülközővel. Hagyja kelni 1 és ½-2 órát, vagy amíg a duplájára nem nő. Közben vágjon 12-14 négyzet alakú pergamenpapírt, amelyek körülbelül 4-5 hüvelyk méretűek.

d) Ha megkelt, óvatosan leengedjük a tésztát. Enyhén lisztezett felületen a tészta egyik részét fél hüvelyk vastagságú durva téglalappá nyújtjuk. 3 hüvelyk átmérőjű pogácsaszaggatóval vágjunk ki annyi kört a tésztából, amennyit csak tudunk. Ismételje meg a tészta másik felével.

e) Minden megformázott tésztát tegyünk egy négyzet alakú sütőpapírra, és helyezzük el őket egy nagy tepsibe. Lazán takarja le a serpenyőt egy tiszta konyharuhával, és hagyja újra kelni 30-40 percig, vagy amíg puha és puffadt nem lesz.

f) Melegítsen elő körülbelül 3-4 hüvelyk repceolajat egy széles, vastag aljú serpenyőben. Amikor az olaj eléri a 350 F-ot, egyszerre 2-3 fánkot engedjünk le, óvatosan húzzuk le a sütőpapírról, és süssük aranybarnára mindkét oldalát, összesen körülbelül 1-3 percig. A fánkok gyorsan megbarnulnak, ezért alaposan figyelje meg őket. A megsült fánkokat papírtörlővel bélelt tepsi tetején lévő rácson lecsepegtetjük. Töltés előtt hagyjuk teljesen kihűlni őket.

ELKÉSZÍTSÜK A TIRAMISU TÖLTETÉST

g) Egy állványos mixer táljában keverjük össze a habtejszínt, a porcukrot és a vaníliakivonatot. A habverővel felverjük a keveréket sűrűre és habosra. Adjuk hozzá a mascarpone sajtot és a hideg kávét, és keverjük össze.

h) Tegye át a krémet egy toldalékkal ellátott csőzsákba vagy egy töltőanyaggal ellátott süteményprésbe.

i) Egy ujjal vagy a csőcsatlakozóval szúrjon ki egy lyukat a fánk oldalán. Ujjaival húzzon üreges helyet a fánk belsejében úgy, hogy söprő mozdulatokat hajt végre benne. Pipázz bele egy kis tiramisu krémet, amíg a fánkok ki nem tágulnak.

KÉSZÍTSÜK EL A FEHÉRCSOKOLÁDÉMÁZOT

j) A csokoládét apróra vágjuk, és egy széles hőálló tálba tesszük. Öntsön tejszínhabot egy mikrohullámú sütőben használható edénybe, és melegítse a mikrohullámú sütőben, amíg az oldala 15-30 másodpercig buborékolni kezd.

79.Nutellával töltött mini Ricotta fánk

ÖSSZETEVŐK:

- Repceolaj (sütéshez)
- ¾ csésze univerzális liszt
- 2 teáskanál sütőpor
- ¼ teáskanál só
- 1 csésze ricotta sajt
- 2 nagy tojás
- 2 evőkanál kristálycukor
- 2 teáskanál vanília kivonat
- ½ csésze Nutella
- porcukor (elhagyható)

UTASÍTÁS:

a) Egy kis tálban keverjük össze a lisztet, a sütőport és a sót; félretesz, mellőz.

b) Egy nagy keverőtálban keverjük össze a ricotta sajtot, a tojást, a cukrot és a vaníliát. Hozzáadjuk a száraz hozzávalókat, és jól összekeverjük.

c) Öntsön repceolajat egy mély, vastag aljú, körülbelül 1,5 hüvelyk mély edénybe. Melegítse fel az olajat körülbelül 370 °F-ra egy mélysütési hőmérő segítségével.

d) Óvatosan csepegtess evőkanálnyi tésztagolyókat az olajba, simán ejtse le, hogy a lehető legkerekebb golyót kapja. Egyszerre 4-5-öt sütjük, időnként megforgatva aranysárgára, 3-4 perc alatt. Csipesz segítségével tedd át a fánkokat papírtörlőre, hogy lecsepegjen. Ismételje addig, amíg a tészta el nem fogy. Hagyja kihűlni a fánkokat, amíg könnyen kezelhetővé válik.

e) Tegye át a Nutellát egy hosszú, hegyes hegyű fecskendőbe vagy csőzsákba. Hasznos lehet, ha a Nutellát először körülbelül 30 másodpercig mikrohullámú sütőben melegíti. Szúrjon egy kis lyukat a fánkokba, majd helyezze be a fecskendőt, és töltse meg Nutellával. A mennyiségek változhatnak, de jól érezheti, hogy mennyi Nutella kerül mindegyikbe. Ismételje meg az összes fánkkal.

f) Ízlés szerint porcukorral megszórjuk, és tálaljuk.

80.Cheddar és Jalapeño sajtos fánk

ÖSSZETEVŐK:

- 2 csésze univerzális liszt
- 1 evőkanál sütőpor
- ½ teáskanál só
- ¼ csésze sózatlan vaj, olvasztott
- 1 csésze tej
- 2 nagy tojás
- ½ csésze reszelt cheddar sajt
- ¼ csésze pácolt jalapeño, apróra vágva

UTASÍTÁS:

a) Melegítsd elő a sütőt 190°C-ra, és kenj ki egy fánkformát főzőpermettel.

b) Egy keverőtálban keverjük össze a lisztet, a sütőport és a sót.

c) Egy külön tálban keverjük össze az olvasztott vajat, a tejet és a tojást.

d) Adjuk hozzá a nedves hozzávalókat a száraz hozzávalókhoz, és keverjük jól össze.

e) Belekeverjük a reszelt cheddar sajtot és az apróra vágott jalapenót.

f) A tésztát kanalazzuk az előkészített fánkformába úgy, hogy mindegyik formát körülbelül ¾-ig töltsük meg.

g) 12-15 percig sütjük, vagy amíg a fánkok aranybarnák nem lesznek.

h) Vegyük ki a sütőből, és hagyjuk hűlni 5 percig, mielőtt kivesszük a formából.

81.Almacider paleo fánk

ÖSSZETEVŐK:
- ½ teáskanál fahéj
- ½ teáskanál szódabikarbóna
- ⅛ teáskanál tengeri só
- 2 tojás
- néhány csepp stevia folyadékot
- ½ csésze kókuszliszt
- 2 evőkanál mandulaolaj
- ½ csésze meleg almabor
- 2 evőkanál ghí, olvasztott – bevonáshoz

FAHÉJES CUKOR
- ½ csésze granulált kókuszcukor
- 1 evőkanál fahéj

UTASÍTÁS:
a) A fánksütőt előmelegítjük.
b) Keverjük össze a kókuszlisztet, a szódabikarbónát, a fahéjat és a sót.
c) Egy másik tálban habosra keverjük a tojást, az olajat és a steviát.
d) Keverjük össze a száraz hozzávalókat a nedves hozzávalókkal az almaborral együtt.
e) A fánktésztát belekanalazzuk a fánksütőbe.
f) 3 percig főzzük.
g) Kenjük meg a fánkot olvasztott ghí/vaj/mandulaolajjal.
h) Dobd meg a fánkot a fahéj/kókuszcukor keverékkel.

82.Csokoládé torta fánk

ÖSSZETEVŐK:

- 1 ½ csésze univerzális liszt
- ½ csésze cukrozatlan kakaópor
- ½ teáskanál sütőpor
- ½ teáskanál szódabikarbóna
- ¼ teáskanál só
- ½ csésze kristálycukor
- ¼ csésze növényi olaj
- 1 nagy tojás
- 1 teáskanál vanília kivonat
- ¾ csésze író
- 1 csésze porcukor
- ¼ csésze tej
- ¼ csésze cukrozatlan kakaópor

UTASÍTÁS:

a) Melegítse elő a sütőt 375 °F-ra. Egy fánkformát kenjünk ki tapadásmentes főzőspray-vel, és tegyük félre.

b) Egy nagy keverőtálban keverjük össze a lisztet, a kakaóport, a sütőport, a szódabikarbónát, a sót és a cukrot.

c) Egy külön tálban keverjük össze az olajat, a tojást és a vaníliakivonatot. Fokozatosan keverje hozzá az írót, amíg jól össze nem áll.

d) A nedves hozzávalókat a száraz hozzávalókhoz öntjük, és addig keverjük, amíg össze nem áll.

e) Helyezze át a tésztát egy zsákba, és pipálja ki az előkészített fánkformába, és töltse meg az üregeket körülbelül ⅔-ig.

f) Süssük 10-12 percig, vagy amíg a fánk közepébe szúrt fogpiszkáló tisztán ki nem jön.

g) Egy kis tálban keverjük össze a porcukrot, a tejet és a kakaóport, amíg máz nem lesz. A kihűlt fánkokat mázba mártjuk, és rácson hagyjuk megszáradni.

83.Passionfruit Túrós fánk

ÖSSZETEVŐK:
A PASSIÓGYÜMÖLCS TÚJHOZ
- ½ csésze kristálycukor
- 3 nagy tojássárgája
- ¼ csésze passiógyümölcs püré
- 2 evőkanál (1 folyadék uncia) frissen facsart citromlé
- ½ csésze hideg, sótlan vaj, 1 hüvelykes kockákra vágva

A FÁNKHOZ
- ¾ csésze (6 folyékony uncia) teljes tej
- 2 nagy tojás
- 2 nagy tojássárgája
- 3 ½ csésze univerzális liszt
- 1¼ csésze kristálycukor, osztva
- 2 ¼ teáskanál instant élesztő
- 1 teáskanál kóser só
- 6 evőkanál sótlan vaj, kockára vágva
- növényi olaj, sütéshez

UTASÍTÁS:
A PASSIÓGYÜMÖLCS TÚJHOZ

a) Egy közepesen vastag aljú edényben keverjünk össze ½ csésze kristálycukrot és 3 nagy tojássárgáját, amíg jól össze nem keveredik, és homogén halványsárga keveréket nem kapunk. Keverj hozzá ¼ csésze passiógyümölcsöt és 2 evőkanál friss citromlevet, amíg a keverék fel nem hígul, majd helyezd az edényt közepes lángra. Folyamatos keverés közben fakanállal (és ügyeljen arra, hogy a serpenyő oldalát hőálló gumilapáttal kaparjon) addig főzzük, amíg a keverék elég vastag lesz ahhoz, hogy egy kanál hátát bevonja, 8-10 percig, és 160 (160) F) egy azonnali leolvasású hőmérőn.

b) Ha a keverék eléri a 160 fokot, vedd le a tűzről, és habverj bele ½ csésze kockára vágott sótlan vajat, pár kockával egyszerre, csak akkor adj hozzá többet, ha az előző kockák már teljesen beledolgoztak. Miután az összes vajat hozzáadtuk, egy finom szitával szűrjük át a túrót egy kis üvegtálba. Fedjük le műanyag fóliával, és nyomjuk a műanyagot közvetlenül a túró felületére, hogy megakadályozzuk a bőrképződést. Hűtőbe tesszük, amíg kihűl és megdermed, legalább 2-

3 órára (de lehetőleg egy éjszakára). A túró lezárt üvegedényben hűtőszekrényben legfeljebb 2 hétig eláll.

A Donutsnak

c) A tészta elkészítéséhez forraljon fel ¾ csésze teljes tejet közepes lángon egy kis lábasban. Nagyon figyelje meg, hogy a tej ne forrjon fel. Öntse a tejet egy folyékony mérőedénybe, és hagyja hűlni 105 (F) és 110 (F) közé. Amikor a tej kihűlt, adjunk hozzá 2 nagy tojást és 2 nagy tojássárgáját, és óvatosan keverjük össze.

d) Egy lapáttal ellátott, szabadon álló mixer táljában keverjen össze 3 ½ csésze univerzális lisztet, ¼ csésze kristálycukrot, 2 ¼ teáskanál instant élesztőt és egy teáskanál kóser sót. Adjuk hozzá a tejes keveréket, és keverjük addig, amíg össze nem áll.

e) Váltson a tésztahorogra, és alacsony sebességgel, körülbelül 3 percig gyúrja a tésztát. A tészta ragacsosnak fog tűnni, de nem baj. Adjunk hozzá 6 evőkanál sótlan vajat, egy-két kockát egyszerre. Ha a vaj nem keveredik bele, vegye ki a tálat a mixerből, és a vajat egy percig gyúrja bele a kezével az induláshoz. Csak addig adjuk hozzá és gyúrjuk, amíg jól össze nem áll.

f) A vaj belekeverése után növelje a keverő sebességét közepesre, és további néhány percig gyúrja a tésztát, amíg a tészta sima és rugalmas lesz. Tegyük át a tésztát egy enyhén kikent közepes tálba, fedjük le műanyag fóliával, és tegyük hűtőbe legalább három órára, de lehetőleg egy éjszakára.

g) Amikor a tészta kihűlt, két tepsit kibélelünk sütőpapírral. Fújja be bőségesen a sütőpapírt főzőpermettel.

h) Döntse a hideg tésztát egy enyhén lisztezett munkafelületre, és nyújtsa egy durva, 9 x 13 hüvelykes, körülbelül ½ hüvelyk vastag téglalappá. Egy 3,5 hüvelykes pogácsaszaggatóval vágjon ki 12 kört a tésztából, és tegye őket az előkészített lapokra. Szórjon meg egy enyhén liszttel a tetejét minden tésztakörben, és enyhén fedje le műanyag fóliával. Meleg helyre tesszük keleszteni, amíg a tészta puffadt nem lesz, és finom nyomásra lassan visszaugrik, körülbelül egy óra alatt.

i) Ha készen állunk a fánkok sütésére, béleljünk ki egy rácsot papírtörlővel. Tegyen 1 csésze kristálycukrot egy közepes tálba. Öntsön növényi olajat egy közepes, vastag aljú edénybe, amíg körülbelül két hüvelyk olaj nem lesz. Csatlakoztasson egy cukorka hőmérőt az edény oldalához, és melegítse fel az olajat 375 (F)-ra. Óvatosan adjunk hozzá 1-2 fánkot az olajhoz, és süssük aranybarnára, oldalanként körülbelül 1-2 percig. Egy lyukas kanál segítségével halgassuk ki a fánkokat az olajból, és tegyük át az előkészített rácsra. Körülbelül 1-2 perc elteltével, amikor a fánk már eléggé lehűlt ahhoz, hogy kezelni tudja, dobja be őket a kristálycukor tálba, amíg bevonat nem lesz. Ismételje meg a maradék tésztával.

KITÖLTENI

j) A fánkok töltéséhez a Bismarck tészta hegyével (vagy egy fakanál nyelével) szúrjon lyukat mindegyik oldalába, ügyelve arra, hogy ne szúrja át a másik oldalát.

k) Töltsön meg egy kis kerek hegyű cukrászzacskót (vagy egy Bismarck Donut hegyet, ha tetszik) a passiógyümölcs túróval. Helyezze a cukrászzacskó hegyét a lyukba, és óvatosan nyomja meg, hogy minden fánkot megtöltsön.

l) A feleslegben lévő túrót mártogatós szószként tálaljuk (gofrihoz is jól megy!). A fánk a legjobb az elkészítés napján.

84.Áfonya torta fánk

ÖSSZETEVŐK:
- 1 csésze univerzális liszt
- ½ csésze kristálycukor
- 1 ½ teáskanál sütőpor
- ½ teáskanál só
- ½ teáskanál őrölt fahéj
- ¼ teáskanál őrölt szerecsendió
- ⅓ csésze író
- ¼ csésze növényi olaj
- 1 nagy tojás
- ½ teáskanál vanília kivonat
- ½ csésze friss áfonya

UTASÍTÁS:
a) Melegítsd elő a sütőt 175°C-ra (350°F). Egy fánkformát kenjünk ki tapadásmentes főzőspray-vel, és tegyük félre.
b) Egy nagy keverőtálban keverjük össze a lisztet, a cukrot, a sütőport, a sót, a fahéjat és a szerecsendiót, amíg jól össze nem keveredik.
c) Egy külön tálban keverje össze az írót, a növényi olajat, a tojást és a vaníliakivonatot, amíg jól össze nem keveredik.
d) A nedves hozzávalókat a száraz hozzávalókhoz öntjük, és addig keverjük, amíg össze nem áll.
e) Óvatosan beleforgatjuk az áfonyát, amíg egyenletesen el nem oszlik a tésztában.
f) Helyezze át a tésztát egy zsákba, és pipálja ki az előkészített fánkformába, és töltse meg az üregeket körülbelül ⅔-ig.
g) Süssük 12-15 percig, vagy amíg a fánk közepébe szúrt fogpiszkáló tisztán ki nem jön.
h) Vegye ki a serpenyőt a sütőből, és hagyja hűlni a fánkokat a serpenyőben 5 percig, mielőtt rácsra helyezi, hogy teljesen kihűljön.
i) Választható: A kihűlt fánkokat porcukorból és tejből készült egyszerű mázba is márthatjuk, hogy még édesebbé tegyük.
j) Tálalja és élvezze a finom áfonyás torta fánkokat!

85.Sült Oreo fánk

ÖSSZETEVŐK:
- 1 csésze univerzális liszt
- ½ csésze csomagolt világosbarna cukor
- ⅓ csésze cukrozatlan kakaópor
- ½ teáskanál só
- ¾ teáskanál sütőpor
- ½ teáskanál szódabikarbóna
- 1 nagy tojás
- ½ csésze bármilyen tej
- ¼ csésze olvasztott kókuszolaj vagy növényi olaj
- 1½ teáskanál vanília kivonat
- 6 Oreo keksz, morzsára törve
- Krémsajtos cukormáz

UTASÍTÁS:

a) Melegítse elő a sütőt 350 °F-ra.
b) Finoman permetezzen be két 6-os fánk serpenyőt tapadásmentes főzőpermettel. Félretesz, mellőz.
c) Egy nagy tálban keverjük össze a lisztet, a barna cukrot, a kakaóport, a sót, a sütőport és a szódabikarbónát. Félretesz, mellőz.
d) Egy közepes tálban keverjük simára a tojást, a tejet, a kókuszolajat és a vaníliakivonatot. Lassan öntsük a nedves hozzávalókat a lisztes keverékhez, addig keverjük, amíg össze nem áll. A tészta nagyon sűrű lesz.
e) Óvatosan beleforgatjuk az összetört Oreo kekszeket
f) A keveréket kanalazzuk egy nagy cipzáras zacskóba, és vágjuk le az alsó sarok hegyét.
g) Pip keveréket előkészített fánk serpenyők.
h) Süssük 8-10 percig, vagy amíg a fánkok kissé megpuhulnak.
i) Vegyük ki a sütőből, és hűtsük le teljesen, mielőtt hozzáadjuk a cukormázt.
j) A cukormáz elkészítéséhez a krémsajtot és a vajat simára keverjük.
k) Adjuk hozzá a tejet, a vaníliakivonatot és a porcukrot.
l) Verjük simára, és elérjük a kívánt állagot és édességet.
m) Adjon hozzá még tejet és/vagy porcukrot, ha szükséges.
n) Vegyünk minden fánkot, és mártsuk félig a cukormázba, majd szórjuk meg zúzott Oreo sütivel.

FAHÉJAS TEKERCS

86.Pink Limonade Fahéj r olls

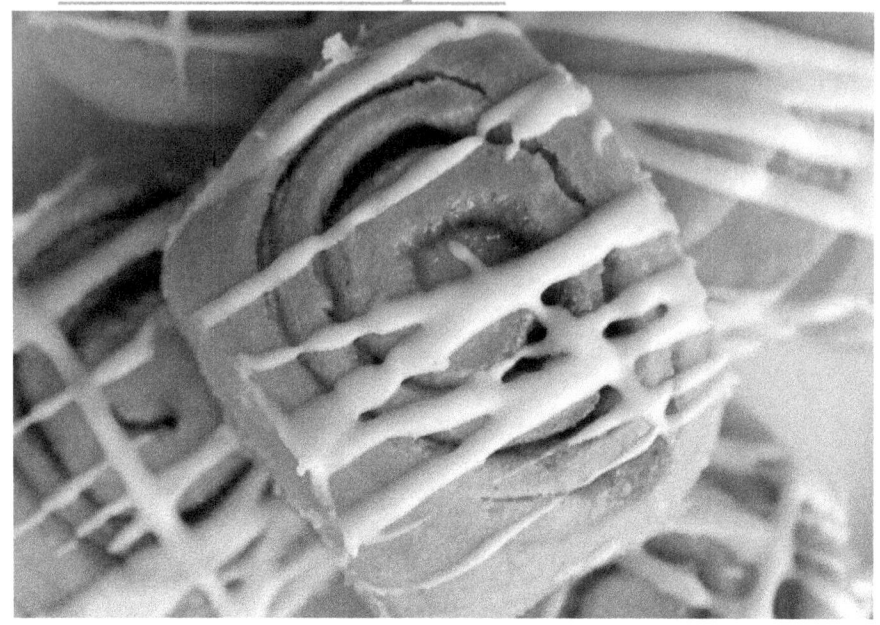

ÖSSZETEVŐK:

- 375 ml rózsaszín limonádé
- 300 ml tejszín
- 4 csésze magától kelő liszt
- 50 g olvasztott vaj
- ¼ csésze cukor
- 1 teáskanál őrölt fahéj
- ½ csésze sima liszt a bevonáshoz
- ½ citrom levét
- 2 csésze porcukor

UTASÍTÁS:

a) Öntsön magától kelő lisztet egy nagy tálba, öntse bele a tejszínt és a rózsaszín limonádét, és keverje össze.

b) Lisztezett asztalra borítjuk.

c) Gyúrjuk át enyhén és nyomkodjuk vagy nyújtsuk ki egy nagy, körülbelül 1 cm vastag téglalappá.

d) Megkenjük olvasztott vajjal, megszórjuk cukorral és fahéjjal.

e) A szélétől a közepére tekerjük, hogy két rönköt kapjunk. Vágja le a közepét, hogy két rönköt készítsen.

f) 1 cm-es körökre vágjuk.

g) 220 C-on 10 percig sütjük.

h) A porcukrot elkeverjük a citromlével. Csöpögtesd át a tekercseket.

87.Csokoládé Oreo fahéjas tekercs

ÖSSZETEVŐK:
FAHÉJES TEKERCSÉT
- ¼ csésze meleg víz
- 2 evőkanál barna cukor
- 2¼ teáskanál instant élesztő
- 2 ¾ csésze univerzális liszt
- 2 evőkanál kristálycukor
- ½ teáskanál só
- 3 evőkanál sótlan vaj, olvasztott
- ½ csésze választott tej
- 1 nagy tojás

OREO CINNAMON ROLL CSOKIS TÖLTETÉS
- ¼ csésze kakaópor
- ⅔ csésze választott tej
- 1 ½ csésze étcsokoládé chips
- 3 evőkanál sótlan vaj
- 24 Oreos, zúzott
- 1 csipet tengeri só
- Krémes sajtmáz

UTASÍTÁS:
TÉSZTA
a) Egy kis keverőtálban keverje össze a meleg vizet, a barna cukrot és az élesztőt.

b) Takard le tiszta konyharuhával, és tedd félre, hogy aktiválódjon. Tudni fogja, hogy az élesztő aktiválódik, amikor kis buborékok jelennek meg a keverék felületén.

c) Egy külön nagy keverőtálban keverje össze a lisztet, cukrot, sót, vajat, tejet és tojást.

d) Miután az élesztő aktiválódott, a többi hozzávalóval együtt adjuk hozzá a nagy keverőtálba, és addig keverjük, amíg össze nem áll.

e) Egy tiszta, sima felületet boríts be liszttel, és liszttel borított kézzel dagasszuk a tésztát 3 percig. A tészta ragacsos lesz, szükség szerint adjon lisztet a kezéhez és a felületéhez.

f) Helyezze vissza a tésztát a tálba, és tiszta konyharuhával letakarva kelni körülbelül tíz percig.

TÖLTŐ

g) Egy nagy, mikrohullámú sütőben használható tálba adjunk hozzá tejet, kakaóport, étcsokoládédarabkákat és vajat. Mikrohullámú sütőben 1,5-2 percig sütjük, amíg a csokoládédarabkák megolvadnak. Habverővel simára keverjük. Adjunk hozzá egy csipet sót.

h) Törje össze az Oreos-t egy konyhai robotgépben, amíg finom por nem lesz.

i) Ha a tészta a duplájára nőtt, adj hozzá még lisztet a felületéhez, és lisztezett sodrófával nyújtsd ki a tésztát téglalap alakúra, nagyjából 9 x 12 hüvelykre.

j) Öntse az Oreo csokoládé tölteléket a tésztára, és egy spatulával egyenletesen terítse el a felületen, körülbelül ½ hüvelyk margót hagyva minden oldalon. A tetejére vastag rétegben szórjuk az összetört Oreót.

k) A rövidebbik oldalról dolgozva két kézzel kezdje el szorosan húzni magától a tésztát, amíg nem marad egy körülbelül 12 hüvelyk hosszú henger.

l) Vágja fel a hengert 6 egyenlő részre, körülbelül 2 hüvelyk szélesre, hogy 6 különálló fahéjas tekercset készítsen.

m) Adja hozzá a fahéjas tekercseket egy 11,5 hüvelykes, négyzet alakú tepsibe, és hagyjon körülbelül egy hüvelyket az egyes tekercsek között.

n) Fedjük le tiszta konyharuhával, és hagyjuk pihenni a tekercseket körülbelül 90 percig, vagy amíg a duplájára nem nő.

o) Melegítsd elő a sütőt 375°F-ra, és süsd 25-30 percig, amíg a tekercsek teteje aranybarna nem lesz.

p) Hagyja az Oreo fahéjas tekercseket körülbelül 10 percig hűlni, mielőtt hozzáadja a jegesedést. Élvezd!

88. Vörös bársonyos fahéjas tekercs

ÖSSZETEVŐK:
A FAHÉJES TEkercsekhez
- 4½ teáskanál száraz élesztő
- 2-½ csésze meleg víz
- 15,25 uncia doboz Red Velvet tortakeverék
- 1 teáskanál vanília kivonat
- 1 teáskanál só
- 5 csésze univerzális liszt

A FAHÉJES CUKOR KEVERÉKHEZ
- 2 csésze csomagolt barna cukor
- 4 evőkanál őrölt fahéj
- ⅔ csésze vaj megpuhult

A KRÉMES SAJTJÁZHOZ
- 16 uncia krémsajt, lágyítva
- ½ csésze vaj megpuhult
- 2 csésze porcukor
- 1 teáskanál vanília kivonat

UTASÍTÁS:

a) Egy nagy keverőtálban keverje össze az élesztőt és a vizet, amíg fel nem oldódik.

b) Adjuk hozzá a torta keveréket, a vaníliát, a sót és a lisztet. Jól keverjük össze - a tészta enyhén ragacsos lesz.

c) Fedje le szorosan a tálat műanyag fóliával. Hagyja kelni a tésztát egy órát. Gyúrjuk le a tésztát, és hagyjuk még 45 percig kelni.

d) Enyhén lisztezett felületen nyújtsa a tésztát egy nagy, körülbelül ¼ hüvelyk vastag téglalappá. A vajat egyenletesen elkenjük a tésztán.

e) Egy közepes tálban keverjük össze a barna cukrot és a fahéjat. A barna cukros keveréket szórjuk a vajra.

f) Tekerjük fel, mint egy zselés tekercset, a hosszú szélétől kezdve. Vágjuk 24 egyenlő részre.

g) Kivajazunk két 9x13 hüvelykes tepsit. A fahéjas tekercs szeleteket elrendezzük a serpenyőkben. Letakarjuk, és meleg helyen kelesztjük, amíg duplájára nem nő.

h) Melegítse elő a sütőt 350 °F-ra.

i) 15-20 percig sütjük, vagy amíg megpuhul.

j) Amíg a fahéjas tekercsek sülnek, elkészítjük a krémsajtos cukormázt úgy, hogy a krémsajtot és a vajat egy közepes keverőtálban krémesre keverjük. Belekeverjük a vaníliát. Fokozatosan adjuk hozzá a porcukrot.

89.Burgonya fahéjas tekercs

ÖSSZETEVŐK:
- 1 font burgonya, főtt és pépesítve
- 2 csésze tej
- 1 csésze vaj
- 1 csésze plusz 2 teáskanál cukor
- ¾ teáskanál kardamonmag
- 1 teáskanál Só
- 2 csomag száraz élesztő
- ½ csésze meleg víz
- 8½ csésze liszt, szitálatlan
- 2 tojás
- 2 teáskanál vanília

FAHÉJES TÖLTETÉS
- ¾ csésze cukor
- ¾ csésze barna cukor
- 2 teáskanál fahéj

DIÓMÁZ
- 3 csésze porcukor
- ½ csésze apróra vágott dió
- ¼ teáskanál fahéj
- 2 teáskanál vaj
- 4-5 teáskanál víz

UTASÍTÁS:

a) A burgonyát és a tejet simára keverjük. Adjunk hozzá ½ csésze vajat, 1 csésze cukrot és sót. Langyosra melegítjük.
b) Egy nagy tálban keverjük össze az élesztőt, a vizet és a maradék 2 teáskanál cukrot. Habzásig állni hagyjuk.
c) Adjunk hozzá burgonya keveréket, 4 csésze lisztet, tojást és vaníliát.
d) Verjük simára. Fokozatosan keverjen hozzá további 3½–4 csésze lisztet. A tésztát erősen lisztezett deszkára borítjuk, és 15 percig simára és rugalmasra gyúrjuk.
e) Ha szükséges, adjunk hozzá még lisztet. Hagyjuk kelni 1 és fél órát.
f) Üss le, térdelj a buborékok eltávolításához. Feloszt. A maradék vajat felolvasztjuk. A tészta minden részét 5x18-as téglalappá nyújtjuk. Megkenjük 3 teáskanál vajjal, és megszórjuk a fahéjas töltelék felével.
g) Felteker. Vágja 12 darabra, 1 ½ hüvelyk széles. Helyezze egy 9x13 hüvelykes serpenyőbe, kenje meg vajjal, és hagyja kelni 35-40 percig. 350 fokon 30 percig sütjük.

90.Tejszínhab pekándiós fahéjas tekercs

ÖSSZETEVŐK:
- 1 csésze tejszínhab
- 1½ csésze univerzális liszt
- 4 teáskanál Sütőpor
- ¾ teáskanál só
- 2 evőkanál vaj vagy margarin, olvasztott
- Fahéj és cukor
- ½ csésze világos barna cukor
- ½ csésze pekándió, apróra vágva
- 2 evőkanál tejszínhab, vagy párolt tej

UTASÍTÁS:
a) Egy közepes keverőtálban verjük fel a tejszínt, amíg lágy csúcsok nem lesznek. Óvatosan keverje hozzá a lisztet, a sütőport és a sót, amíg tésztát nem kap. Enyhén lisztezett deszkán 10-12-szer átgyúrjuk. Nyújtsa ki 1/4" vastag téglalappá.

b) Az olvasztott vajat az egész felületen megkenjük. Megszórjuk fahéjjal és cukorral, az ízlése szerinti mennyiségben. Tekerjük fel, mint egy zselés tekercset: A hosszú végén kezdjük. Vágja ¾ hüvelykes szeletekre. Helyezze egy kivajazott tepsire, és süsse 425 F-on 10-15 percig, vagy amíg nagyon enyhén megpirul.

c) Egy kis tálban keverje össze a barna cukrot, a pekándiót és a 2 evőkanál tejszínhabot, amíg jól el nem keveredik. Vegye ki a tekercseket a sütőből. Minden tekercsre rákenjük a feltétet. Tegyük vissza a sütőbe, és süssük addig, amíg a teteje buborékolni kezd körülbelül 5 percig.

91.Almaszósz fahéjas tekercs

ÖSSZETEVŐK:
- 1 tojás
- 4 csésze univerzális liszt
- 1 csomag aktív száraz élesztő
- ¾ csésze almaszósz
- ½ csésze sovány tej
- 2 evőkanál kristálycukor
- 2 evőkanál vaj
- ½ teáskanál só

TÖLTŐ:
- ¼ csésze almaszósz
- ⅓ csésze kristálycukor
- 2 teáskanál őrölt fahéj
- 1 csésze cukrászcukor
- ½ teáskanál vanília kivonat
- 1 evőkanál sovány tej

UTASÍTÁS:

a) Melegítse elő a sütőt 375 F fokra. Permetezzen be két 8 vagy 9 hüvelykes kerek serpenyőt főzőpermettel.

b) Egy nagy keverőtálban keverje össze 1½ c. univerzális liszt és az élesztő. Egy kis serpenyőben összekeverünk ¾ c. Mott's Natural Almaszósz, sovány tej, 2 evőkanál cukor, vaj és só. Melegítsük közepes lángon, és keverjük addig, amíg 120 F-on meleg nem lesz.

c) A tésztát enyhén lisztezett felületre borítjuk. Gyúrjon bele annyi maradék lisztet (legfeljebb ¼ c), hogy közepesen lágy tésztát kapjon, amely sima és rugalmas.

d) A tésztából golyót formázunk. A tésztát enyhén főzőspray-vel megszórt tálba tesszük

e) A tésztát átgyúrjuk, és enyhén lisztezett felületre borítjuk. Letakarjuk és 10 percig pihentetjük. Enyhén lisztezett felületen 12 hüvelykes négyzet alakúra nyújtjuk a tésztát. Spread ¼ c. Mott's Natural Almaszósz. Kombinálja ⅓ c. cukor és fahéj; a tésztára szórjuk.

f) Rendezzünk el 6 tekercset, vágott oldalukkal lefelé minden serpenyőbe. Fedjük le, és hagyjuk meleg helyen kelni, amíg majdnem a duplájára nő, körülbelül 30 percig.

g) Süssük 20-25 percig, vagy amíg aranybarna nem lesz. 5 percig hűtjük. Felszolgáló tányérra fordítjuk. Meglocsoljuk cukrászcukor, vanília és sovány tej keverékével. Melegen tálaljuk.

92.Narancsos fahéjas tekercs

ÖSSZETEVŐK:

- 1 font Fagyasztott kenyértészta; kiolvadt
- 3 evőkanál Liszt
- 2 evőkanál cukor
- 1 teáskanál fahéj
- ½ csésze porcukor
- ½ teáskanál reszelt narancshéj
- 3 teáskanál narancslé
- Növényi olaj spray

UTASÍTÁS:

a) Melegítsük elő a sütőt 375°-ra. A felolvasztott kenyértésztát enyhén lisztezett felületen 12x8"-es téglalappá gördítsd.

b) Bőségesen permetezze be a tésztát növényi olajspray-vel. A cukrot elkeverjük a fahéjjal és egyenletesen a tésztára szórjuk. A tésztát a hosszú végével kezdjük.

c) Zárja le a varrást, és szeletelje fel a tésztát 12 darabra, egyenként 1 hüvelykesre.

d) Finoman permetezzen be főzőspray-vel egy 9"-es kerek tepsit. Helyezze a tésztadarabokat a tepsibe úgy, hogy a varrási oldalukkal lefelé tartsa a tepsi alja felé.

e) Fújja be a tetejét főzőpermettel; letakarva hagyjuk meleg helyen majdnem duplájára kelni, körülbelül 30 percig.

f) Süssük a tekercseket 20-25 percig, amíg enyhén megpirulnak. Kicsit lehűtjük és kivesszük a tepsiből.

g) Amíg a tekercsek hűlnek, elkészítjük a mázat úgy, hogy összekeverjük a porcukrot, a narancshéjat és a levét.

h) Rákenjük a tekercsre, és melegen tálaljuk.

EMPANADAS

93.BBQ csirke Empanadák

ÖSSZETEVŐK:

- 2 csésze Bisquick mix
- ½ csésze víz
- 1 csésze főtt csirke, felaprítva
- ½ csésze barbecue szósz
- ¼ csésze kockára vágott hagyma
- ¼ csésze kockára vágott kaliforniai paprika
- ¼ csésze reszelt mozzarella sajt
- Só és bors ízlés szerint

UTASÍTÁS:

a) Melegítsd elő a sütőt 200°C-ra, és bélelj ki egy tepsit sütőpapírral.

b) Egy keverőtálban keverje össze a Bisquick mixet és a vizet, hogy elkészítse az empanada tésztát.

c) A tésztát lisztezett felületen kinyújtjuk, és kör alakú pogácsaszaggatóval vagy ivópohárral kiszaggatunk belőle.

d) Egy külön tálban összekeverjük a feldarabolt csirkemellet, a barbecue szószt, a kockára vágott hagymát, a kockára vágott kaliforniai paprikát, a reszelt mozzarella sajtot, a sót és a borsot.

e) Helyezzen egy kanál csirkemeveréket minden tésztakörre.

f) Hajtsa rá a tésztát a töltelékre, hogy félhold alakú formát kapjon, majd nyomja össze a széleit, hogy lezárja.

g) Helyezze az empanadákat az előkészített tepsire.

h) Süssük 12-15 percig, vagy amíg az empanadák aranybarnák nem lesznek.

i) Tálalás előtt hagyja kissé kihűlni a BBQ csirke empanadákat.

94.Törökország Empanadas

ÖSSZETEVŐK:

- 1 csésze főtt pulyka, kockára vágva
- 1⅓ csésze Cheddar sajt, reszelve
- 4 uncia konzerv zöld chili, lecsepegtetve
- 1 csésze teljes kiőrlésű liszt
- ¼ csésze kukoricaliszt
- 2 teáskanál só
- ⅓ csésze vaj
- ¼ csésze hideg víz
- 1 teáskanál tej
- 4 teáskanál kukoricaliszt (feltöltéshez)

UTASÍTÁS:

a) Melegítsük elő a sütőt 400 F-ra.
b) Keverje össze a pulykát, a sajtot és a chilit; félretesz, mellőz.
c) Egy külön tálban keverjük össze a lisztet, a kukoricadarát és a sót. Vágja bele a vajat, amíg a részecskék kis borsó méretűek lesznek.
d) Felöntjük vízzel, és botmixerrel vagy villával addig keverjük, amíg a tésztából golyót nem lehet formálni. Adjon hozzá még egy kis vizet, ha szükséges. A tésztát két egyenlő részre osztjuk.
e) Az egyik részt lisztezett deszkára forgatjuk, és 11"-es négyzetre tekerjük. Enyhén olajozott sütilapra helyezzük. A pulykakeverék felét a tésztanégyzet felére terítsük úgy, hogy 1-½ hüvelyknyire legyen a szélétől. Hajtsa be a másikat. rá a tészta felét, és a széleit összenyomkodjuk.
f) Ismételje meg ezt az eljárást a tészta másik részével és a pulykakeverék többi részével. Kenje meg a forgást tejjel.
g) A tetejére szórjuk a maradék kukoricadarat. Süssük 400 F-on 25 percig, vagy amíg aranybarna nem lesz.
h) Hagyjuk kissé lehűlni; szeletekre vágva tálaljuk.

95.Sertés kolbász Empanadas

ÖSSZETEVŐK:
A KÉGRE:
- 2 csésze univerzális liszt
- ¼ teáskanál só
- ⅔ csésze vaj
- 4-6 evőkanál hideg víz

A TÖLTETÉSHEZ:
- ½ font darált sertéskolbász
- 1 csésze darabos picante szósz
- ¼ csésze apróra vágott érett olajbogyó
- ¼ csésze mazsola (opcionális)
- 1 kemény tojás, meghámozva és feldarabolva
- ½ teáskanál fokhagymapor
- 1 tojás, enyhén felverve
- További Picante szósz a tálaláshoz

UTASÍTÁS:
A KÉGRE:
a) Egy nagy tálban keverjük össze a lisztet és a sót.
b) Vágja bele a vajat, amíg a keverék omlós nem lesz. Egy villával keverjünk hozzá annyi hideg vizet, hogy tésztagolyót formázzon.
c) A tésztát kettéosztjuk, és mindegyik felét műanyag fóliába csomagoljuk. Tedd félre őket.

A TÖLTETÉSHEZ:
d) Egy 10 hüvelykes serpenyőben főzzük a darált kolbászt közepes lángon, időnként megkeverve, amíg omlós lesz és megpirul (kb. 6-8 perc). Lecsepegtetjük a felesleges zsírt.
e) Adjunk hozzá 1 csésze picante szószt a főtt kolbászhoz. Folytassa a főzést, időnként megkeverve, amíg a szósz kissé besűrűsödik (kb. 5-6 perc).
f) Keverje hozzá az apróra vágott olajbogyót, a mazsolát (ha használ), a kemény tojást és a fokhagymaport. Folytassa a főzést és időnként keverje meg, amíg a keverék jól el nem keveredik (kb. 1-2 perc). Tegye félre a tölteléket.

ÖSSZESZERELÉS:
g) Enyhén lisztezett felületen a tészta minden felét 15 hüvelykes hasábpá formázzuk. Minden rönköt tekerjen 20x5 hüvelykes téglalappá.
h) Vágja ki az egyes téglalapokat 8 (5x2,5 hüvelykes) téglalapra.
i) Mindegyik téglalap egyik oldalára helyezzünk körülbelül 1 evőkanál töltelékkeveréket.
j) A tészta széleit megkenjük vízzel.
k) A tészta másik oldalát ráhajtjuk a töltelékre, és a széleket összecsavarjuk. Villával nyomja meg és zárja le a széleket.
l) Az empanadák tetejét megkenjük a felvert tojással.
m) Vágjon egy "X"-et minden empanada tetejére.
n) Helyezze az empanadákat zsírtalan sütilapokra.
o) Süssük 14-20 percig, vagy amíg enyhén megpirulnak.
p) Tálaljuk az empanadákat további picante szósszal a mártáshoz.
q) Élvezze a finom kolbász Empanadákat!

96. Tonhal Empanada

ÖSSZETEVŐK:
A TÉSZTÁHOZ:
- 300 gramm liszt
- 1 teáskanál só (5 g)
- 1 csomag szárított élesztő (10 g)
- 25 gramm sertészsír vagy ghí, megolvasztva
- 2 tojás, enyhén felverve
- 80 ml Tej, melegítve

A TÖLTETÉSHEZ:
- 2 evőkanál olívaolaj
- 300 milliliter paradicsompüré vagy 300 g paradicsom negyedelve
- 2 pirospaprika kimagozva és csíkokra vágva
- 1 gerezd fokhagyma, zúzott
- 1 doboz Tonhal olajban, lecsepegtetve és pelyhesítve (400 g)
- Só és frissen őrölt fekete bors ízlés szerint

UTASÍTÁS:
A TÖSZTA ELKÉSZÍTÉSE:
a) Egy tálba szitáljuk össze a lisztet és a sót, majd keverjük hozzá a szárított élesztőt.
b) A száraz hozzávalók közepébe mélyedést készítünk, és hozzáadjuk az olvasztott disznózsírt vagy ghí-t és a felvert tojásokat. Keverjük össze alaposan.
c) Fokozatosan adjuk hozzá a felmelegített tejet, hogy a keverék lágy tésztát kapjon.
d) Gyúrjuk a tésztát enyhén lisztezett felületen két-három percig, amíg sima nem lesz.
e) A tésztát visszatesszük a tálba, letakarjuk, és egy órát kelesztjük.

A TÖLTETÉS ELKÉSZÍTÉSE:
f) Egy serpenyőben felforrósítjuk az olívaolajat, és körülbelül 10 percig pároljuk benne a negyedekre vágott paradicsomot, a pirospaprika csíkokat és a zúzott fokhagymát.
g) Hozzákeverjük a lecsöpögtetett és pelyhesített tonhalat, sóval és frissen őrölt fekete borssal ízesítjük. A tonhaltöltelékét félretesszük hűlni.

ÖSSZESZERELÉS ÉS SÜTÉS:
h) A megkelt tésztát enyhén lisztezett felületen további három percig gyúrjuk, majd visszatesszük egy olajozott tálba, és további 30 percig kelesztjük.
i) Melegítse elő a sütőt 180°C-ra vagy Gas Mark 4-re.
j) A tészta felét enyhén lisztezett felületen kinyújtjuk, és egy téglalap alakú tepsit kibélelünk vele.
k) Egyenletesen kanalazzuk bele az elkészített tonhaltöltelékét.
l) A tészta széleit megkenjük vízzel.
m) A maradék tésztát kinyújtjuk és a töltelék tetejére fektetjük. Rögzítse a széleket, és vágja le a felesleges tésztát.
n) A tetejére kis gőznyílásokat készítünk, és megszórjuk liszttel.
o) Süssük az előmelegített sütőben 30-45 percig, vagy amíg az empanada halvány aranybarna nem lesz.
p) A sütőből kivéve hagyjuk kicsit kihűlni, majd szeleteljük és tálaljuk.

97.Galíciai tőkehal Empanada

ÖSSZETEVŐK:
TÉSZTA
- 250 g sima liszt (vagy 175 g sima liszt és 75 g kukoricaliszt)
- 75 ml meleg víz
- 50 ml olívaolaj
- 25 ml fehérbor
- 20 g friss élesztő
- ½ teáskanál só
- 1 tojás (tojásmosáshoz)

TÖLTŐ
- 225 g tőkehal, sómentes
- 1 nagy hagyma, apróra vágva
- 1 nagy piros kaliforniai paprika apróra vágva
- 2 gerezd fokhagyma, apróra vágva
- 2 ek paradicsomszósz
- 1 csésze mazsola
- 1 teáskanál paprikapor
- 2 evőkanál olívaolaj
- 1 teáskanál só

UTASÍTÁS:
TÉSZTA

a) Helyezze a lisztet egy nagy tálba.

b) Az élesztőt meleg vízben feloldjuk. Adjuk hozzá a tálhoz. Adjuk hozzá az olívaolajat, a fehérbort és a sót a tálba.

c) Az élesztőt meleg vízben feloldjuk, és az összes hozzávalót beletesszük a tálba. Keverjük alacsony sebességgel 5 percig, amíg a tészta sima nem lesz.

d) Kezdje el keverni egy kanállal, majd kézzel. Helyezze a tésztát a tiszta konyhai munkalapra, és gyúrja, amíg a tészta sima nem lesz. 8-10 percet vesz igénybe. Formázz belőle golyót.

e) Szórjunk egy kevés lisztet a tálra, és helyezzük bele a golyót. Fedjük le egy ruhával, és hagyjuk 30 percig pihenni.

TÖLTŐ

f) Melegítsünk fel 2 evőkanál olívaolajat egy nagy serpenyőben alacsony-közepes lángon. Keverjük hozzá az apróra vágott hagymát, kaliforniai paprikát és fokhagymát. Sózzuk, és közepes lángon puhára és aranybarnára főzzük. Körülbelül 15 perc.

g) A tőkehalat apróra vágjuk. Adja hozzá a tőkehalat a serpenyőhöz. Adjuk hozzá a paradicsomszószt, a mazsolát és a paprikaport. Keverjük össze és főzzük 5-8 percig. A töltéléknek kicsit lédúsnak kell lennie. Félretesz, mellőz.

h) Formázd meg a tésztát és süsd meg (lásd lentebb a videót)

i) A tésztát két egyenlő részre osztjuk, az egyik az alapot, a másik a fedőt.

j) A sütőt 200°C-ra előmelegítjük. Felső és alsó fűtés. Egy tepsire sütőpapírt helyezünk.

k) Az egyik darabot sodrófával addig nyújtjuk, amíg vékony, kb. 2-3 mm vastag lapot nem kapunk.

l) Helyezze a tésztát a tepsire.

m) Kenjük a töltéléket a tésztára, de hagyjunk egy kis helyet a széle körül, hogy az empanada bezárja.

n) A másik tésztadarabot kinyújtjuk. Az első lap méretével azonos méretűnek kell lennie. Tedd le a töltélékre. Zárja le a széleket.

o) Felvert tojással megkenjük a felületet, és 30 perc alatt aranybarnára sütjük. 200ºC.

p) Kivesszük a sütőből, és fogyasztás előtt hagyjuk kihűlni.

98. Shrimp Empanadas

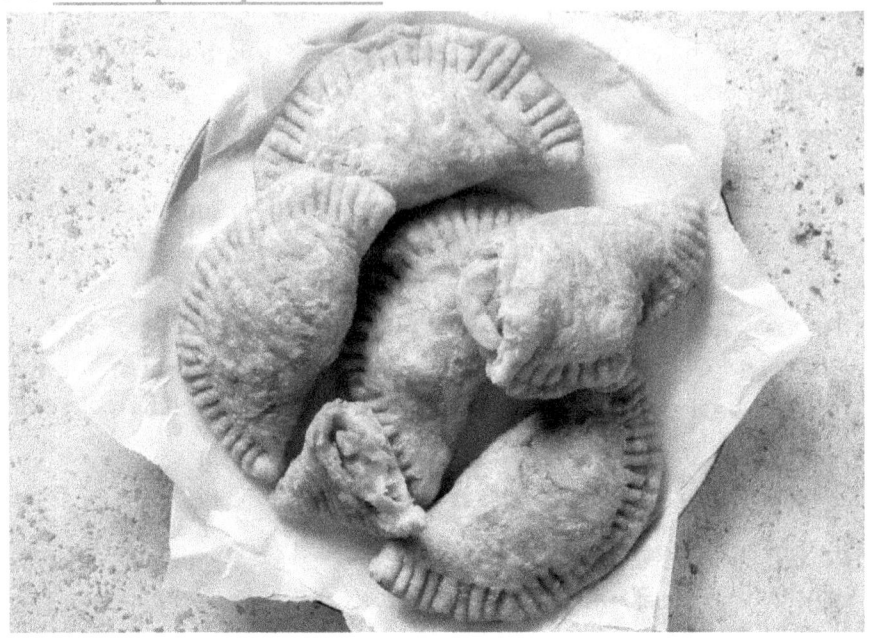

ÖSSZETEVŐK:
A TÉSZTÁHOZ:
- 3 csésze univerzális liszt
- 1 teáskanál durva só
- ½ teáskanál őrölt kurkuma
- ¼ teáskanál fehér bors
- 10 evőkanál sótlan vaj, lehűtve és apróra vágva
- 6 evőkanál sertészsír, hűtve
- 1 tojás
- 1 tojássárgája
- ½ csésze Lite sör vagy víz

A TÖLTETÉSHEZ:
- 2 evőkanál sótlan vaj
- 1 nagy hagyma, meghámozva és apróra vágva
- 3 gerezd fokhagyma
- 3 paradicsom, apróra vágva
- ½ teáskanál őrölt kardamom
- ⅛ teáskanál őrölt szegfűszeg
- ¼ teáskanál fehér bors
- 1 teáskanál durva só
- 1½ csésze tenyérszív, lecsepegtetve és apróra vágva
- 3 evőkanál petrezselyem
- 1 font garnélarák, meghámozva és kivágva

A TÖMÍTŐKÉSZÜLÉKHEZ ÉS A MÁZHOZ:
- 1 tojásfehérje
- 2 evőkanál hideg víz, tej vagy tejszín

UTASÍTÁS:
A TÖSZTA ELKÉSZÍTÉSE:
a) Az univerzális lisztet egy tálba szitáljuk.
b) Adjuk hozzá a lehűtött és apróra vágott sótlan vajat, és keverjük addig, amíg a keverék durva ételhez nem hasonlít.
c) Adjuk hozzá a tojást, a tojássárgáját és ¼ csésze hideg vizet. Folytassuk a keverést és adjunk hozzá vizet, amíg kemény tésztát nem kapunk.

d) A tésztát simára gyúrjuk, majd becsomagoljuk és 15-30 percig hűtjük.

A TÖLTETÉS ELKÉSZÍTÉSE:

e) Egy kis serpenyőben felforrósítjuk a sótlan vajat.

f) Adjuk hozzá az apróra vágott hagymát és fokhagymát, és közepes lángon főzzük, amíg a hagyma áttetszővé nem válik, ami körülbelül 5 percig tart.

g) Hozzáadjuk az apróra vágott paradicsomot, az őrölt kardamomot, az őrölt szegfűszeget, a fehér borsot és a sót. Kb. 8 percig főzzük.

h) Adjuk hozzá az apróra vágott pálmaszíveket, és főzzük még 5 percig, vagy amíg a folyadék el nem párolog.

i) Tegyük félre a tölteléket és hagyjuk kihűlni, vagy tegyük hűtőbe egy éjszakára, jól lefedve.

A TÖMÍTŐ ÉS MÁZ ELKÉSZÍTÉSE:

j) Keverje össze a tojássárgáját és a hideg vizet, hogy elkészítse a pecsétet és a mázat. Tedd félre.

ÖSSZESZERELÉS ÉS SÜTÉS:

k) Melegítse elő a sütőt 400 Fahrenheit-fokra (200 Celsius-fokra).

l) Lisztezett deszkán nyújtsuk ki a tésztát ⅛ hüvelyk vastagságúra, és vágjuk 4 hüvelykes négyzetekre.

m) Gyúrja össze a tésztadarabokat, és tekerje újra, és ismételje meg a folyamatot a négyzetek készítéséhez, amíg az összes tésztát el nem használja.

n) Tegyünk egy evőkanál tölteléket minden négyzet közepére, majd tegyünk rá egy garnélarákot.

o) Nedvesítse meg a tészta széleit a pecsételővel, és a tésztát a töltelékre hajtva háromszöget formáljon.

p) A széleket villával összenyomkodjuk, hogy lezárjuk.

q) Az empanadákat sütőpapírral bélelt tepsire helyezzük.

r) Kenjük meg az empanadákat a maradék mázzal.

s) Előmelegített sütőben 25 percig sütjük, vagy amíg aranybarnák nem lesznek.

t) Tegye az empanadákat rácsra, hogy kissé lehűljön, majd melegen tálalja.

u) Élvezze a finom Empanadas de Camarão-t ízletes garnélarákkal és pálmaszívekkel!

99.Szőlő és marha empanadák

ÖSSZETEVŐK:

- 1 kiló sovány darált marhahús
- ½ csésze kockára vágott hagyma
- 2 evőkanál chili por
- 2 teáskanál őrölt kömény
- 1 teáskanál fokhagyma por
- ½ teáskanál őrölt fahéj
- ½ teáskanál só és bors mindegyike
- 1 csésze szeletelt Ontario Jupiter™ szőlő
- 3 lap előre elkészített leveles tészta
- 1 tojás
- 2 evőkanál vizet
- 1 csésze szőlő
- ½ csésze finomra vágott hagyma
- ¼ teáskanál őrölt gyömbér
- ½ teáskanál fokhagymapor
- ¼ teáskanál só

UTASÍTÁS:
a) Melegítsd elő a sütőt 220°C-ra, és bélelj ki két tepsit sütőpapírral; tedd félre őket. Egy nagy serpenyőben, közepesen magas lángon főzzük a darált marhahúst, a hagymát, a chiliport, a köményt, a fokhagymaport, a fahéjat, a sót és a borsot körülbelül 8 percig, vagy amíg a marhahús teljesen meg nem fő.
b) Lecsepegtetjük a felesleges zsírt. Keverje hozzá a szőlőt, és tegye félre.

AZ EMPANADA SZÁMÁRA:
c) Egy tál vagy pogácsaszaggatóval vágjunk ki tizenkét 5 hüvelykes kört az előre felsodort leveles tésztából. A köröket sütőpapírral bélelt tepsire fektetjük. Minden kör közepébe kanalazzon 3 evőkanál (45 ml) tölteléket.
d) Egy kis tálban keverjük össze a tojást és a vizet. Mindegyik kör szélét megkenjük tojássárgájával, és a tésztát félbehajtjuk, belerakjuk a tölteléket. Villával nyomd le a széleit.
e) Az empanadákat a kibélelt tepsire helyezzük. Minden empanada tetejét megkenjük a tojásmosóval.
f) 20 percig sütjük, vagy amíg a teteje aranybarna nem lesz.

A CHUTNEY SZÁMÁRA:
g) Egy közepes méretű serpenyőben, közepes lángon keverjük hozzá a szőlőt, a hagymát, a gyömbért, a fokhagymaport és a sót. Nyomja a szőlőt a serpenyő oldalához, hogy kiengedje a levét, és forralja fel a keveréket.
h) Főzzük 8 percig, gyakran kevergetve, amíg nagyon kevés folyadék marad. Hagyja teljesen kihűlni.
i) A chutney-t a frissen sült empanadák mellé tálaljuk. Élvezd!

100.Mogyorós és banános empanadák

ÖSSZETEVŐK:
- 1 nagy érett banán meghámozva és felkockázva
- 1 csésze Nutella
- 2 hűtött 9 hüvelykes pitehéj
- 2 evőkanál vizet
- 2 evőkanál kristálycukor
- fahéjas fagylalt

UTASÍTÁS:
a) Egy tálba adjuk hozzá a Nutellát és a banánt, és keverjük jól össze.
b) A tésztát enyhén lisztezett felületre helyezzük, és 2 egyenlő nagyságú részre vágjuk.
c) Most minden darabot 14 x 8 hüvelykes téglalappá tekerjünk, ¼ hüvelyk vastagságban.
d) 3 hüvelykes pogácsaszaggatóval vágjunk 8 kört minden tésztatéglalapból.
e) Helyezzen körülbelül 1 púpozott teáskanál Nutella keveréket minden tésztakörre.
f) Nedves ujjakkal nedvesítse meg az egyes körök széleit.
g) A tésztát ráhajtjuk a töltelékre, és a széleit lenyomkodjuk.
h) Egy fóliával bélelt tepsi aljára elrendezzük az empanadákat.
i) Minden empanadát bekenünk vízzel és megszórjuk a cukorral.
j) Kb. 20 percre fagyasztóba tesszük.
k) Állítsa be a sütőt 400 F fokra.
l) Sütőben kb 20 percig sütjük.
m) Élvezze melegen a fahéjas fagylalt mellé.

KÖVETKEZTETÉS

Miközben ízleljük a "A legjobb ételek a kávézóban" utolsó falatait, reméljük, hogy ez a kulináris utazás egy csipetnyi élvezetet adott a kávézási rituálékhoz. Az első kortytól az utolsó morzsáig ez a 100 finom falat az ízek párosításának művészetéről tanúskodik, és harmonikus táncot teremt a kávé és az étel között.

Akár baráti társaságban, akár egy csendes magányban, akár egy villásreggeli fénypontjaként élte át ezeket a falatokat, bízunk benne, hogy minden recept egy újfajta élvezetet hozott kávéházi élményébe. A gondosan összeállított kollekció, amely az édestől a sósig terjed, úgy lett kialakítva, hogy minden ízlést és alkalmat kielégítsen, így a kávészüneteket egy pillanatra várja.

Miközben folytatja a kávé és a harapnivalók világának felfedezését, ezek a receptek inspirálják Önt, hogy saját elragadó párokat alkosson, kreativitással és kulináris örömmel töltve el kávézási pillanatait. Íme, még számtalan csésze kávé, közös nevetés, és a „A legjobb ételek a kávézóban" élményben való átkelés öröme. Üdvözlöm a kávézást finom falatokkal!

www.ingramcontent.com/pod-product-compliance
Lightning Source LLC
Chambersburg PA
CBHW071309110526
44591CB00010B/844